Wolf-Henning Petershagen

MAIER, JAUCH & EISELE

Wolf-Henning Petershagen

Maier, Jauch & Eisele

Was steckt hinter den Familiennamen?

mit Zeichnungen von Sepp Buchegger

Theiss

Herausgegeben von der SÜDWEST PRESSE Ulm mit ihren Partnerzeitungen:
BIETIGHEIMER ZEITUNG, BÖNNIGHEIMER ZEITUNG, Brenztal-Bote Giengen, EBERBACHER ZEITUNG, GMÜNDER TAGESPOST Schwäbisch Gmünd, Haller Tagblatt Schwäbisch Hall, HEIDENHEIMER ZEITUNG, HEIDENHEIMER NEUE PRESSE, HOHENLOHER TAGBLATT Crailsheim, Hohenzollerische Zeitung Hechingen, NWZ NEUE WÜRTTEMBERGISCHE ZEITUNG Göppingen, Reutlinger Nachrichten/ PFULLINGER ZEITUNG, SCHWÄBISCHE POST Aalen, Schwäbisches Tagblatt mit ROTTENBURGER POST/ DER STEINLACHBOTE Tübingen, SACHSENHEIMER ZEITUNG, SÜDWEST PRESSE/ ALB BOTE Münsingen, SÜDWEST PRESSE/ EHINGER TAGBLATT, SÜDWEST PRESSE/ GEISLINGER ZEITUNG, SÜDWEST PRESSE/ LAUPHEIMER TAGBLATT, SÜDWEST PRESSE/ ILLERTAL BOTE Dietenheim, SÜDWEST PRESSE/ LAICHINGER TAGBLATT, SÜDWEST PRESSE/ METZINGER-URACHER VOLKSBLATT/ DER ERMSTAL BOTE, SÜDWEST PRESSE/ NECKAR-CHRONIK Horb, SÜDWEST PRESSE/ DIE NECKARQUELLE Villingen-Schwenningen, SÜDWEST PRESSE/ RUNDSCHAU FÜR DEN SCHWÄBISCHEN WALD/ DER KOCHERBOTE Gaildorf, SÜDWEST PRESSE/ SCHWÄBISCHE DONAUZEITUNG Ulm, TAUBER-ZEITUNG Bad Mergentheim, DER TECKBOTE Kirchheim, ZOLLERN-ALB KURIER Balingen mit Schmiecha Zeitung Albstadt-Tailfingen

Die Deutsche Bibliothek – CIP-Einheitsaufnahme

Ein Titeldatensatz für diese Publikation ist bei
Der Deutschen Bibliothek erhältlich.

Umschlaggestaltung: Neil McBeath, Kornwestheim,
unter Verwendung einer Zeichnung von Sepp Buchegger

Lektorat: Martin Müller, Ostfildern
Druck und Bindung: Ebner, Graphische Betriebe, Ulm
ISBN 3-8062-1557-X

Inhalt

K
L
E
I
N

Vor Gebrauch zu lesen

Wollen Sie wissen, was hinter Ihrem Familiennamen steckt? Dann empfiehlt es sich, im Index am Ende des Buches nachzusehen, ob unter den dort rund 1300 verzeichneten Namen der Ihre vertreten ist – oder ein ähnlich lautender. Denn viele Namen gibt es in unterschiedlichen Schreibweisen, etwa *Bayer*, *Baier* und *Peyer*, *Müller*, *Möller* und *Miller*, von den Variationen des Namens *Maier* gar nicht zu reden.

Wenn Sie Ihren Namen gefunden haben, seien Sie dennoch vorsichtig: Für die Bedeutung vieler Namen gibt es nicht nur eine, sondern mehrere mögliche Erklärungen, so genannte »Bedeutungs-Konkurrenzen«. Da die folgenden Kapitel meist ein spezielles Thema zum Gegenstand haben und sie als Beiträge einer Zeitungs-Serie einen bestimmten Umfang nicht überschreiten durften, konnten nicht immer alle in Frage kommenden Bedeutungen eines bestimmten Namens zur Sprache kommen.

Dieses Buch ist also nur in zweiter Linie als Nachschlagewerk gedacht. In erster Linie will es »Aha-Effekte« auslösen, will dazu anregen, über die Herkunft und Bedeutung der Namen nachzudenken und selber weiterzuforschen. Dazu dient die Literaturliste im Anhang.

»Maier, Jauch & Eisele« ist die Zusammenfassung der ersten 50 Beiträge einer gleichnamigen Serie, die von September 1999 an in den Wochenend-Ausgaben der Südwest Presse und ihrer Partnerzeitungen erschienen ist. Ihren Anspruch, sich auf dem aktuellen Stand der wissenschaftlichen Namenforschung zu bewegen, verdankt sie der Unterstützung von Prof. Dr. Konrad Kunze, der als Verfasser des »dtv-

Atlas Namenkunde« diesen Forschungsbereich einem breiten Publikum zugänglich gemacht hat. Er stand dem Autor stets beratend und, wo es nötig war, korrigierend zur Seite. Dafür sei ihm an dieser Stelle herzlich gedankt.

Seit wann und warum Familiennamen?

Wie soll man die Leute auseinander halten, wenn alle Männer *Hans* und alle Frauen *Grete* heißen? In einem solchen Fall muss ein weiteres Unterscheidungsmerkmal benannt werden: etwa der *lange* oder der *kurze Hans*, die *dicke* oder die *dünne Grete*.

Diese Notwendigkeit, dem einfachen Rufnamen einen Beinamen hinzuzufügen, ergab sich im deutschen Sprachgebiet vor etwa 900 Jahren. Zwar hatte es Beinamen – ehrende, beschreibende oder karikierende – schon immer gegeben. Doch die starben mit jenen, denen sie angehängt worden waren. Vor neun Jahrhunderten aber begannen die Menschen, zuerst in Süd- und Westdeutschland, solche Beinamen zu vererben. Das war die Geburtsstunde der Familiennamen.

Für deren Entstehen gab es mehrere Gründe. Zum einen wuchsen die Städte. Zum anderen nahm die Zahl der Rufnamen ab. Zwar traten damals gerade die christlichen Rufnamen ihren Siegeszug über die traditionellen germanischen an. Aus *Hinz* und *Kunz*, den Kurzformen für die verbreitetsten Namen *Heinrich* und *Konrad*, wurden *Hans* und *Klaus* – von *Johannes* und *Nikolaus*. Und der beliebte Frauenname *Kunigunde* wich der christlichen *Margarethe*. Aber die christlichen Rufnamen waren zunächst nicht so zahlreich wie die germanischen. Die nämlich bestanden meist aus zwei Elementen. Von denen konnte jedes einzelne mit anderen Elementen zu neuen Namen verbunden werden. Zerlegt man etwa den *Dietrich* in *Diet-* und *-rich*, finden wir beide Einzelteile in allen möglichen anderen Kombinationen wie *Dietbald, Dietbert, Diethart* etc. oder in *Heinrich, Alberich, Richard* etc. Der durch solche Kombinationen ermöglichte Reichtum an Ruf-

namen wurde verringert; die Namenforscher sprechen von einer »Rufnamen-Konzentration«.
Die wurde dramatisch verstärkt durch eine neue Tendenz, die Jungen auf die Rufnamen ihres Erzeugers zu taufen. Dadurch trugen immer mehr Leute immer weniger unterschiedliche Namen – und das bei einer wachsenden Bevölkerungsdichte in den Städten, die eines immer höheren Maßes an Verwaltung bedurften. Die Notwendigkeit, über den Rufnamen hinaus eine weitere Möglichkeit zur Identifizierung zu finden, stand seit dem 12. Jahrhundert in Süd- und Westdeutschland gewissermaßen auf der Tagesordnung .
Die Adeligen hatten sich schon zuvor »Zweitnamen« zugelegt. Dabei hatte der Besitz eine wichtige Rolle gespielt, genauer gesagt der Umstand, dass im Jahr 1037 unter dem salischen Kaiser Konrad II. die Lehen erblich geworden waren. Der Sitz wurde zum Stammsitz, und der wurde, mit einem »von« versehen, zum Familiennamen. Das Vererben von Eigentum mag auch bei den Stadtbewohnern dazu beigetragen haben, dass sie sich einen Zweitnamen zulegten. Denn es ist zu beobachten, dass die »Zweinamigkeit« sich von den oberen zu den unteren gesellschaftlichen Gruppen durchsetzte.
Wie wurden diese Zweitnamen gebildet? Vom Adel kennen wir bereits die Herkunftsnamen. Noch vor der Benennung nach dem Stammsitz war es üblich gewesen, die verwandtschaftliche Verbindung zu offenbaren. So spricht das Hildebrandslied, das um 800 entstanden ist, von »*Hildebrand*, *Heribrands* Sohn«. Solche »Vaternamen« oder »Patronyme« sind bis heute üblich. Aus einem *Hans, Friedrichs Sohn*, wurde ein *Hans Friedrichsen, Hans Friedrichs* oder einfach *Hans Friedrich*. Und einem Vater namens *Isenhart* konnte ein Nachfahre namens *Eisele* entsprießen.
Auch die Berufe gaben Beinamen ab, und zwar in so vielen Fällen, dass die Berufsnamen heute in ihrer Häufigkeit an der Spitze stehen: Den-

ken wir an den *Schmied* und den daraus entstandenen Familiennamen in seinen unterschiedlichen Schreibweisen, an den *Müller* oder an den *Maier* – das war der Verwalter oder Pächter des Herrenhofes.
Sehr verbreitet sind auch die »Übernamen«. Die spielten auf persönliche Merkmale an, etwa die Haarfarbe oder -beschaffenheit: *Schwarz, Rot, Grau, Krause.* Oder auf den Körperzustand: *Lang, Kurz, Faißt, Mägerle,* aber auch auf Charakter und Verhalten: *Fröhlich, Sorg, Kümmerle, Zorn.*
Eine wichtige Rolle spielte schon immer die Frage, woher einer kam. War er ein *Bayer*, ein *Hess*, ein *Heilbronner* oder *Bollinger*? Neben diesen »Herkunftsnamen« sind die »Wohnstättennamen« sehr verbreitet: Der *Bühler* wohnte am Bühl, wie man früher zu einem Hügel sagte, der *Moser* im Moos (Moor), der *Steinkühler* in einer steinigen Kuhle.
In ihrem Bemühen, die Individuen unverwechselbar zu machen, haben unsere Altvorderen einen erstaunlichen Erfindungsreichtum an den Tag gelegt. Allerdings ist das schon so viele Jahrhunderte her, dass viele Familiennamen heute nicht mehr zu verstehen sind. Denn sie bestehen manchmal aus Wörtern, die längst vergessen sind – denken wir an die mittelhochdeutsche Vokabel *muntbor* (Vormund), aus dem der Familienname *Momper* entstanden ist.
Halten wir also fest: Das Ziel, die Individuen unverwechselbar zu machen, indem man ihnen einen Zweitnamen anhängte, ist längst erreicht. Allerdings verursacht der bewusste Blick auf die Türschilder des Landes meist eine gewisse Ratlosigkeit. Denn in vielen Fällen ist nicht mehr erkennbar, was die Namen, die darauf prangen, bedeuten und was hinter ihnen steckt. Diesem Notstand zumindest teilweise abzuhelfen ist das Ziel der folgenden 50 Kapitel.

ARBEIT UND BERUF

Die Häufigsten im Lande

WELCHES IST DER HÄUFIGSTE FAMILIENNAME IN BADEN-WÜRTTEMBERG? *Hägele* IST ES ENTGEGEN ANDERS LAUTENDEN BEHAUPTUNGEN NICHT. UND *Mayer* AUCH NICHT.

Sämtliche Träger eines bestimmten Namens zu ermitteln, ist nicht nur deswegen aussichtslos, weil sich ihr Bestand durch Geburt, Tod und Eheschließungen täglich verändert. Es gibt auch keine amtlichen Namen-Zählungen, etwa zu einem bestimmten Stichtag.
Es bleibt also nicht viel anderes übrig, als zu den baden-württembergischen Telefonbüchern beziehungsweise den entsprechenden Datenträgern zu greifen. Deren Auswertung führt zu den folgenden Ergebnissen, die – zumindest bei den häufigsten Namen – wohl auf die Gesamtbevölkerung Baden-Württembergs übertragbar sind.
Den Telefonbüchern zufolge ist nicht *Mayer* der häufigste Name im Lande, sondern *Müller*. Das gilt allerdings nur, wenn man den auf Platz zwei folgenden *Schmidt* nicht mit den gleich lautenden, aber anders geschriebenen *Schmid*, *Schmitt*, *Schmied*, *Schmiedt*, *Schmit* und *Schmith* zusammenzählt. Addiert man jedoch die diversen *Schmi(e)(d)t(t)(h)s*, ergibt das eine Summe von über 41 000, wobei niederdeutsche Formen, die anstatt mit *Sch* mit *S* beginnen, nicht mitgezählt sind – auch nicht die starke Hundertschaft der *Smith*, die in Baden-Württembergs Telefonbüchern zu finden ist.
Nach den *Schmidt* kommen die *Müller*. Fasst man alle, ob mit *ü*, *ue*, *i*, mit zwei oder mit einem *l* zusammen, bringen sie es auf knapp 40 000 Einträge.

Auf Rang drei aber präsentiert sich der Name *Mayer* in zehn Variationen und insgesamt nicht ganz 37 000 Einträgen. Die häufigsten davon lauten auf *Maier* mit *ai*. Erst dann folgen die *Mayer*, weit abgeschlagen die *Meyer*, hart bedrängt von *Meier*. Auf den hinteren Rängen finden sich *Mayr*, *Majer*, *Mair*, *Meyr*, *Meir* und *Mejer*.

An vierter Stelle steht der Name *Schneider* mit seinen Varianten *Schneyder*, *Schnider*, *Schnyder*, gefolgt von *Fischer* (5), *Bauer/Baur* (6), *Weber* (7), *Hof(f)mann* (8) und *Wagner* (9). An zehnter Stelle schließlich finden wir mit etwas über 10 000 Einträgen *Schäfer* und *Schaefer* mit einem *f*, der übrigens nichts zu tun hat mit dem *Doppel-f-Schäffer*. Denn der ist mit dem *Schaffer* verwandt, der an*schafft* – selbstverständlich im Sinne von »anordnen«.

Was diese Namen verbindet ist, dass sie alle aus dem Arbeitsleben stammen – auch der *Hof(f)mann*, der mit dem Bauernhof und nicht mit dem Königshof zusammenhängt. Dies nun allerdings als weiteren Beweis dafür zu werten, dass man im Südwesten besonders viel schafft, wäre verfehlt. Denn bei den gesamtdeutschen Häufigkeiten verhält es sich nicht wesentlich anders.

Urberufe und Verwalter

WARUM SIND *Schmidt* UND *Müller* IN IHREN JEWEILS UNTERSCHIEDLICHEN SCHREIBWEISEN HÄUFIGER ALS *Maier*? PARADOXE ANTWORT: WEIL SIE EINZIG SIND.

Zu den ersten Spaltprodukten der Arbeitsteilung gehörten der Schmied und der Müller. Sie haben sich frühzeitig vom Bauernstand abgenabelt. Und weil es diese Urberufe schon lange gibt, haben sie sich so nachhaltig in der Namenwelt niedergeschlagen.

Das allerdings wirft die Frage auf, warum der Bauer, der als Beruf wesentlich älter ist als Schmied und Müller, als Name nicht häufiger vorkommt. *Bauer/Baur* erscheint in Baden-Württemberg nämlich erst auf Platz sechs der Häufigkeits-Liste.

Ein Ulmer Mönch namens *Fabri* – das heißt übrigens auf deutsch *Schmied*, genauer gesagt, da es sich um einen Genitiv handelt, *Schmieds* oder *Schmitz* – hat im 15. Jahrhundert die Zünfte beschrieben und nennt darunter die der »Bauleute«. Die hat nichts mit unseren heutigen Bauarbeitern zu tun, sondern war die Zunft der Bauern und Gärtner. Das heißt, dass der *Bauer* – früher: *Bu(h)r* – auch *Baumann* oder *Bu(h)mann* respektive *Ackermann* hieß.

Schließlich haben wir ja noch die *Maier/Meier* in ihren variantenreichen Schreibweisen. Die zählen ihrerseits zu den Landwirten, wobei ihr Name allerdings eine Amtsbezeichnung ist. Sie kommt vom lateinischen Wort *maior*, was »der Größere« bedeutet und nicht nur in den militärischen Rang des *Majors*, sondern auch in die Amtsbezeichnung *maior domus* (Hausverwalter), Eingang gefunden hat.

Wir erinnern uns aus dem Geschichtsunterricht, dass die Karolinger die Hausmeier der Merowinger waren, bevor sie selber die Macht übernahmen. Doch neben solchen großkalibrigen *Meiern* gab es noch die Legion der kleineren bis kleinen Verwalter, derer die Feudalherren aller Größenordnungen bedurften: Während die *Meier* den Hof versorgten, konnten die Herren getrost auf neue Beutezüge gehen. Es gibt allerdings auch noch den jüdischen *Meier* oder *Meir*. Der wurzelt im hebräischen Eigenschaftswort *mejr* (glänzend, erleuchtet).
Zurück zum Verwalter: Der hieß nicht überall *Meier*. Im mittleren Deutschland bevorzugte man die sinngleiche Bezeichnung *Hofmann*. Würde man alle baden-württembergischen *Maier* und *Hofmann* umtaufen auf den bedeutungsgleichen, aber moderneren Begriff Verwalter, dann nähme dieser etwas ungewöhnliche Name den ersten Rang unter den Familiennamen ein. Und damit wäre endlich wieder einmal das innige Verhältnis des Deutschen zur Verwaltung bestätigt.
Nun aber zurück zur Frage, warum *Schmidt* und *Müller* in der Häufigkeit vorn liegen: War der Schmied eben landauf, landab der *Schmied* und der Müller hier wie dort der *Müller*, so hieß der *Metzger* in der einen Gegend *Fleischer* und in der anderen *Knochenhauer*, der *Küfer* hier *Böttcher* und dort *Binder* oder *Fassbender* – und dieser Reichtum oder Mangel an Varianten hat sich auch in den Familiennamen niedergeschlagen.

Beck und Becker, Böck und Bock

ZU DEN HÄUFIGSTEN FAMILIENNAMEN IM LANDE ZÄHLT *Beck*, HART GEFOLGT VON *Becker*. DER *Beck* IST DER BRUDER DES *Böck*, WELCHER INFOLGEDESSEN NICHT VERWANDT IST MIT DEM *Bock*, DER AUCH *Buck* HEISSEN KANN.

Der Name *Becker* ist häufiger als *Bäcker*, denn die Schreibweise mit *e* ist die ältere. Die Schreibung mit *ä* kam erst im 16. Jahrhundert auf. Noch älter als der *Becker* ist der *Beck* ohne die Endung *-er*, die dem lateinischen *-arius* nachempfunden ist. Damit wurde zum Beispiel aus dem lateinischen Wort *merces*, das heißt »Sold«, der *mercenarius* und analog dazu im Deutschen der »Söldner« gebildet.

Auch der endungslose *Beck* konnte unterschiedlich geschrieben werden, etwa *Bäck*, *Peck* – sogar *Pech* ist möglich – oder *Böck(h)*. Das bedeutet, dass *Böck* nichts mit dem *Bock* zu tun hat, nach dem man störrische Charaktere benannte.

Andererseits muss *Böck* nicht ausschließlich »Bäcker« bedeuten. Es kann auch eine Variante der »Burg« sein, der das *r* abhanden gekommen ist, so wie aus einem verstümmelten *Burghardt* ein *Buck* werden konnte, wobei *Buck* auch die niederdeutsche Form von *Bock* sein mag oder eine alte Form von »Bauch«.

Vor allem in zusammengesetzten Namen können *Beck* und *Böck* aber auch »Bach« bedeuten und somit zur Kategorie der »Wohnstättennamen« gehören. Das sind Familiennamen, die angeben, wo der damit Bezeichnete gewohnt hat. Ein *Haselböck* wohnte mithin am Bach beim Haselstrauch. Und *Beckmann* ist die nördliche Form von

Bachmann, nämlich »der am Bach Wohnende«. Um die Verwirrung zu vervollständigen sei noch auf Namen wie *Weißenböck*, *Schwarzenbeck*, *Sauerbeck* und dergleichen hingewiesen, die wiederum auf den Bäcker und seine jeweiligen Spezialitäten zurückgehen. Diesen verdanken wir eine ganze Reihe eigenständiger Familiennamen wie *Küchler*, *Lebzelter*, *Semmler* oder *Weckler*.

An die »Mutschel« oder »Mutze«, ein kleines Weißbrot, erinnert der typisch schwäbische Name *Mutschler*. Und von einer im Mittellateinischen *focatia* genannten Kuchenart stammen der *Vochezer* oder *Voggesser* (Kuchenbäcker), die auch mit *F* beginnen können.
Wollte im 16. Jahrhundert ein *Beck* oder *Becker* seine Bildung dokumentieren, gab er sich den lateinischen Namen *Pistor(ius)*. Diese Berufsbezeichnung war im Übrigen bereits im 4./5. Jahrhundert eingedeutscht worden: Aus dem lateinischen *pistor* wurde der *Pfister*. Auch der fand Eingang in die Welt der süddeutschen Familiennamen.

Mit dem Backen ganz und gar nichts zu tun hat hingegen der *Beckert* oder *Beckardt*. Der geht zurück auf die Begarden, und die waren das männliche Pendant zu den viel bekannteren Beginen: Mitglieder mittelalterlicher religiöser Gemeinschaften, die Gutes taten.

Die Wurzeln des Bauern

DER NAME *Bauer* BEDARF, SO MÖCHTE MAN MEINEN, KEINER WEITEREN ERLÄUTERUNG. WELCH EIN IRRTUM! BEI SEINER BETRACHTUNG GERÄT MAN NÄMLICH BUCHSTÄBLICH AN DIE WURZEL DES SEINS.

Der Name *Bauer* folgt der Berufsbezeichnung, und die scheint vom Zeitwort *bauen* abzustammen. Also nimmt man an, dass der Bauer so heißt, weil er das Land bebaut.

Doch ganz so einfach ist das nicht. Zwar hat das Verb *bauen* vor etwa tausend Jahren die heutige Bedeutung von »(be)bauen« erlangt. Zuvor aber hatte *bauen* für »wohnen« gestanden und wurde von den Germanen vermutlich *buwan* ausgesprochen.

Dieses *buwan* wiederum bedeutete neben »wohnen« auch »sein« und geht zurück auf ein ähnlich lautendes indogermanisches Verb, das neben »sein« auch »werden« meinte. Es ist heute noch erhalten im russischen *byt* und im persischen *budan*. Beides sind die Infinitive des Hilfsverbs »sein«.

Der Russe bildet das Futur mit *ja budu…*, auf deutsch: »ich werde…«, und wer dabei an die *Bude* denkt, liegt gar nicht so falsch, denn auch die hängt sehr wahrscheinlich über *buwan* mit der indogermanischen Wurzel von *budu* zusammen. Selbst das Wort *Futur* gehört zu dieser Verwandtschaft.

Wo gut sein war, schritten unsere Vorfahren zum Bau. Das germanische Wort für »Behausung« lautete *bura*, woraus alt- und mittelhochdeutsch *bur* und neuhochdeutsch *Bauer* wurde – aber nicht im Sinne von Landmann, sondern in dem Sinne, der noch im so genannten Vogelbauer, der Behausung des Vogels, steckt. *Bur* konnte neben »Wohnstätte« auch »Wohnort« bedeuten.

Der, mit dem man den Saal teilte, wurde *Geselle* genannt, und der, mit dem man im gleichen *bur* wohnte, war der *Gebur*, an den die Familiennamen *Gebauer* oder *Gebühr* erinnern. Allerdings wandelte dieses Wort seine Bedeutung von »Mitbewohner« zum »Landbewohner«. Für den »nahen Mitbewohner« wurde ein neuer Begriff gefunden, der *nah Gebur*, aus dem über den *Nachgebur* der *Nachbauer* oder *Nachbar* wurde. Mit diesem sind auch die Familiennamen *Nabur* und *Naaber* verwandt.

Der dritte Fall Mehrzahl von *bur* war *buren*. Das bedeutete »bei den Häusern« und erklärt alle Ortsnamen, die auf *-beuren* oder *-bühren* enden. Die wiederum stecken in den Familiennamen *Beurer* oder *Bührer*.

Der *Bauer* im Sinne des Landmanns ist entstanden über den *bu(w)ari*, wie der Bewohner eines Wohnplatzes auf Althochdeutsch hieß. In dem Maße, wie *buwen* seine Bedeutung vom ursprünglichen »wohnen« zu »bauen« und »bebauen« änderte, wurde der »Bewohner« zum »Bauern«. Seine ältere Version ist noch enthalten in den Familiennamen *Buhr, Bu(h)mann* oder *Baumann*. Das *Bäuerle* hieß *Bührle*, später auch *Beierle*. In der Schweiz nannte man es *Bürli*, weiter in Deutschlands Norden hingegen *Bührke* oder *Bühring*.

Woraus der Köter entsprungen ist

»... mayr, huber, lechner, söldner«: DIESE AUFZÄHLUNG IN EINEM VERTRAG, DER 1465 IN TOMERDINGEN BEI ULM BESIEGELT WURDE, LISTET KEINE NAMEN AUF, SONDERN ORDNET DORFBEWOHNER NACH IHREM RANG.

Die Reihenfolge, in welcher jene früheren Rangbezeichnungen stehen, entspricht der Häufigkeit, in der sie – allerdings in ihrer heutigen Funktion als Familiennamen – in den baden-württembergischen Telefonbüchern erscheinen.

Die Aufzählung zeigt, dass auch auf dem Lande keineswegs alle gleich waren – und dass ein *Maier* mehr war als ein *Huber*, und der *Huber* über dem *Lechner* und dem *Söldner* stand. Der *Maier* besaß oder bewirtschaftete einen Hof, war also ein *Hofbauer* – anderswo *Hofmann, Hofer, Höfler* oder *Höfner* genannt –, der zur dörflichen Oberschicht gehörte. Und wer einen Maierhof bewirtschaftete, war der *Maierhofer* oder *-höfer* (falls er nicht gerade aus einem Ort stammte, der Maierhofen oder -höfen hieß).

Zu den kleineren bäuerlichen Lehenseinheiten gehörten die »Hube« – etwa 30 Morgen – und das Lehen. Wer eine Hube beackerte, wurde *Huber, Huober, Hueber, Hüb(n)er, Hieber* oder *Hubmann* genannt. Sein norddeutscher Kollege hieß, da sein Tätigkeitsfeld nicht die Hube, sondern die »Hufe« war, *Hufner, Hüfner, Hüfler* oder *Hufmann*. Dem Begriff »Lehen« ist anzusehen, dass es sich um geliehenes Land handelte. Der damit Beliehene war der *Lehner* oder *Lechner, Lehmann* oder *Löhmann*. Ein anderer Begriff war das »Gut«, auf dem der

Güt(t)ler zugange war. Eine weitere Einheit kleinerer Güterkomplexe war das »Eigen«, von dem noch heute der Familienname der *Eigner* oder *Aigner* zeugt.

Schließlich gab es noch das »Wittum«, das Land, das den Kirchen geschenkt oder gewidmet worden war. Darauf arbeitete der *Wittmer, Widmer, Wimmer, Wittmann* oder *Wi(e)d(e)mann* – wobei der zuletzt genannte Name allerdings auch mit der Weide oder dem Wald (althochdeutsch *witu*) zusammenhängen kann und der *Wimmer* mit dem Weinleser.

Am unteren Ende der sozialen Stufenleiter im Dorf standen jene, die kein Land hatten, die Tagelöhner. Weil sie nur ein Haus, aber weder Hof, noch Lehen, noch Gut besaßen, hießen sie *Häusler, Heißler, Hausner* oder *Hüsler*.

Das Tagelöhnerhaus wurde auch als »Selde« bezeichnet. Der darin hausende *Seldner* steckt in den Familiennamen *Seltner, Sellner, Seltmann* sowie in *Söll(n)er, Soldner* oder *Söldner*. Allerdings können die drei Letztgenannten auch mit dem Söldner im heutigen Sinne zusammenhängen, der ebenso wie der Soldat Sold bezieht. Und der wiederum war ursprünglich gelöhnt worden in der soliden Goldwährung des römischen *solidus* (echt). Weiter im Norden hieß die Selde »Kote« oder »Kate«. Ihr sind *Köter* und *Kater* mit *t* oder *tt* oder *th, Köth* und auch *Kottmann* entsprungen.

Den Männern auf der Spur

Hof(f)mann, Lehmann UND *Her(r)mann*: DIESEN NAMEN, DIE SEHR VERBREITET SIND, IST DER MANN IM ZWEITEN TEIL GEMEINSAM. *Hof(f)-* UND *Lehmann* WEISEN AUCH NOCH INHALTLICHE PARALLELEN AUF.

Beginnen wir beim *Her(r)mann*, zumal er, sprachgeschichtlich betrachtet, der Älteste der genannten Mannsbilder ist. Er kommt uns, vor allem, wenn er mit zwei *r* geschrieben ist, so doppelt gemoppelt vor wie der weiße Schimmel: der Herr, der ein Mann ist.

Anders sähe es aus, würde man den Namen mit zwei *e* schreiben, was im Übrigen dem ursprünglichen Sinn entspräche. Denn der erste Teil des Namens rührt von althochdeutsch *hari*, und das hieß »Heer«. Der *-mann* hingegen ist nicht erläuterungsbedürftig. Am Sinn dieses Wortes hat sich seit den alten Germanen nicht viel verändert, außer dass er früher etwas weiter gefasst war und auch – wie heute noch im Englischen – »Mensch« bedeuten konnte.

Natürlich mag man sich fragen, ob der Potenzierung des Mannes, wie sie uns im Namen *Mannesmann* entgegentritt, ein Männlichkeitswahn zu Grunde liegt. Doch eher das Gegenteil dürfte der Fall sein. Denn das anfängliche *Man(n)es-* ist, laut Gottschald, entweder eine Kurzform von *Hermann* oder vom jüdischen Namen *Manasse* (»der vergessen macht«) abgeleitet, und das *-mann* am Ende könnte eine Verkleinerungsform, ein kosendes Anhängsel sein, wie wir es etwa von *Heinemann* oder *Petermann* kennen.

Die Nachsilbe *-mann* entspringt unterschiedlichen Absichten, etwa der, die Herkunft eines der so Benannten zu verraten. Dazu gehören der deutschstämmige *D(e)utschmann* (auf sorbisch hieß er *Dutschke*) und der ungarische *Ungermann*, kurz: *Unger*. Der *Münstermann* kam aus Münster und der *Neckermann* vom Neckar. Diese Art der Herkunftsbezeichnung war allerdings eher im Norden und Nordwesten üblich.

Wer am Bach wohnte, war der *Bachmann* und wer am Gehölz (*loh*) siedelte, wurde *Lohmann* genannt, was ebenso dem Gerber passieren konnte, der mit der Gerberlohe arbeitete. Wer im Osten des Dorfes lebte, war der *Ostermann* und seine Vettern aus den anderen Himmelsrichtungen der *Wester-*, *Nor(d)-* oder der *Su(n)dermann*. Das *-mann* wurde also auch an Wohnstätten gehängt, aber ebenso an Berufe, wie wir vom *Kaufmann*, *Biermann*, *Fuhrmann*, *Schu(h)mann* oder *Ackermann* wissen.

Damit kommen wir endlich zu den Hof(f)- und Lehmännern. Auch die haben etwas mit Berufen, genauer gesagt mit beruflichen Abhängigkeitsverhältnissen, zu tun. Der *Hof(f)mann* war im Mitteldeutschen dasselbe wie der süddeutsche *Maier*: der Verwalter oder Pächter eines herrschaftlichen Fronhofes. Nur in seltenen Fällen dürfte der *Hof(f)mann* ein Höfling gewesen sein. Im *Lehmann* dagegen kommt das Lehen klar zum Ausdruck.

Mehr Kaiser als Schuster

Kaiser, König, Graf: DIE HÄUFIGKEITSVERTEILUNG DIESER FAMILIENNAMEN ENTSPRICHT IN BADEN-WÜRTTEMBERG DER HIERARCHIE: *Kaiser* STEHT GANZ OBEN, GEFOLGT VON *König*.

Wer *Bauer* oder *Baumann* heißt, kann davon ausgehen, dass der erste Träger dieses Namens ein Bauer war. Entsprechendes gilt für *Schuster*. Bauern und Handwerker gab es viele, Kaiser und Könige pro Kaiser- respektive Königreich immer nur einen. Dennoch gibt es in Baden-Württemberg mehr Menschen, die auf den Namen *Kaiser* hören, als Leute namens *Baumann*, und *König* ist häufiger als *Schuster*.
Das lässt zwei Schlüsse zu: Entweder haben die Monarchen früher so ziemlich alles befruchtet, was ihnen über den Weg gelaufen ist, oder die Namen *Kaiser* und *König* bedeuten keine kaiserliche oder königliche Abkunft. Diesen Verdacht erhärtet die Tatsache, dass sehr viele Baden-Württemberger *Bischoff* und nicht wenige *Pabst*, *Probst* oder *Abt* heißen. Selbst wenn sich Angehörige des Klerus trotz Eheverbotes vermehrt haben sollten, dann doch gewiss in aller Stille und anonym.
Es muss also andere Gründe gegeben haben, warum derlei hohe weltliche und geistliche Herrschertitel auch in den Niederungen der bürgerlichen Familiennamen zu finden sind. Solche Gründe können etwa im Verhalten der so Genannten liegen: im Auftreten, in der Haltung, in der Kleidung. Schließlich sagt man auch heute von jemandem, der sich entsprechend benimmt: Der glaubt wohl, er sei der King. (*Küng* ist übrigens die schweizerische Version vom *King* oder *König*.) Nicht

auszuschließen ist auch, dass die Rollen aus den mittelalterlichen Mysterienspielen auf ihre Darsteller übergegangen sind, etwa die des König Herodes im Weihnachtsspiel.
Ein weiteres Motiv waren Dienstbeziehungen und Leistungsverpflichtungen: Wenn das Land, auf dem ein Bauer seinen Frondienst leistete, dem König, dem Herzog oder dem Abt gehörte, konnte dies zu einem entsprechenden Übernamen für jenen Bauern führen. Ferner gibt es auch Orte namens König, First oder Bischof, und wer von dort stammte, wurde nach dieser Herkunft benannt.
Etwas anders liegt der Fall bei den niedereren Rängen. *Graf* bezeichnete ursprünglich einen königlichen Verwaltungsbeamten. Das Wort könnte von griechisch *grapheus* (Schreiber) kommen und wäre damit verwandt mit dem Fotografen, dem »Lichtschreiber«.
Graf wurde nicht nur zum Adelstitel, sondern blieb auch für niedrigere Verwaltungsbeamte in Gebrauch. Im Mittel- und Niederdeutschen wurde der Dorfvorsteher als *Graf* bezeichnet. Seine norddeutsche Form ist *Greve*, die auch in diversen Zusammensetzungen steckt. Im Süden lautete der entsprechende Titel *Schultheiß* oder *Schultes*. Und so ist anzunehmen, dass, wer *Graf* heißt, tatsächlich von einem Grafen abstammt, auch wenn der nicht von Adel war, sondern »nur« ein Dorfhäuptling.

Keller war der Vogt des Kellers

»IM TIEFEN KELLER SITZ' ICH HIER«, BEGINNT EIN BELIEBTES LIED, DESSEN ZWEITE ZEILE »BEI EINEM FASS VOLL REBEN« ERKLÄRT, WARUM DAS WORT KELLER BEI VIELEN POSITIV BESETZT IST.

Keller ist auch ein Familienname, der in Baden-Württemberg zu den 20 häufigsten gehört. Vielleicht hat sich schon manch eine(r) gefragt, warum es niemanden gibt, der Küche, Wohnzimmer, Speisekammer oder Dachboden heißt. Das liegt daran, dass es nicht üblich war, die häusliche Raumeinteilung auf Personen zu übertragen.
Keller bildet da keine Ausnahme, denn dieser Name rührt nicht von einem unterirdischen Flaschen- oder Kartoffellager, sondern von einem Beruf, dessen Arbeitsplatz allerdings der Keller war. Das Wort »Keller« kommt vom lateinischen *cellarium*, das wiederum von *cella* (Zelle) stammt. *Cellarium* war der Vorratsraum, der übrigens nicht notwendig unter der Erde zu liegen brauchte.
Der Verwalter des Vorratshauses war der *cellerarius* oder *cellenarius*. Aus dem ersten wurde der *Keller* im Sinne einer Amtsbezeichnung, aus dem zweiten der *Kellner*, der ebenfalls unter den Familiennamen zu finden ist. Vorratshallen wurden auch »Kasten« genannt; in mancher Stadt findet man noch jene stattlichen Häuser, die als »Fruchtkasten« bezeichnet werden, was nichts anderes bedeutet als Kornspeicher. Der Verwalter jenes Kastens war der *Kastner* oder *Kästner*. Noch heute wird das Heu in der Scheune, der Scheuer oder dem Stadel aufbewahrt, und über diese Einrichtungen wachten der *Scheuner*, der

Scheurer oder *Schürer* und der *Stadler* beziehungsweise der *Scheune-, Scheuer-, Schür-* oder *Stadelmann.*

All diese Namen deuten also auf einen Verwalter in der Ahnenreihe hin, ebenso wie *Maier* oder *Hof(f)mann*, wie die Verwalter der Höfe tituliert wurden. Verwalter hatten etwas zu sagen, sie ordneten an, sie »schafften« an, wie man in Bayern heute noch sagt, waren somit selbst dann *Schaffer* oder *Schaffner*, wenn sie selber nichts schafften.

Zu den Verwaltungsbeamten gehörte neben dem *Graf* auch der *Vogt*, der sich ebenfalls äußerst nachhaltig in den Familiennamen festgesetzt hat. Seine Amtsbezeichnung kommt vom mittellateinischen Wort *vocatus* (der Gerufene), dessen Vetter der *advocatus* (der Hinzugerufene) ist: der Advokat. Den unterschiedlichen Zuständigkeitsbereichen der Vögte entsprachen ihre Amtsbezeichnungen: *Landvogt, Holzvogt* bis hin zum *Hühnervogt.*

Vogt ist ebenfalls ein sehr verbreiteter Name, wenn auch nicht so verbreitet wie *Keller*. Zwischen *Keller* und *Vogt* rangiert der *Richter*. Die Häufigkeit dieses Namens bedeutet jedoch nicht, dass schon unsere Vorfahren so streitsüchtig waren wie ihre Nachkommen im Zeitalter der Rechtsschutzversicherung. Vielmehr bezeichnete *Richter* mancherorts, vor allem in Ost- und Mitteldeutschland, den normalen Dorfvorsteher.

Der Butler und der Gottschalk

Schenk, Truchsess UND *Marschall*: DIESE NAMEN LASSEN HEUTE NICHT MEHR ERKENNEN, WELCHE DIENSTLEISTUNGEN IHRE ERSTEN TRÄGER VOLLBRACHTEN.

Schenk – der Name lässt an Geburtstag und Weihnachten denken. Die Geschenke, die man bei solchen Gelegenheiten erhält, waren ursprünglich von einem geziemenden Umtrunk begleitet, der an die Empfänger ausge*schenk*t wurde. »Schenken« bedeutete nämlich ursprünglich »einschenken«.

Der *Schenk* war mithin der Mann, der ein- oder ausschenkte: der *Mundschenk*. Manche Familiennamen verraten noch heute, auf welches Getränk der *(Mund-)Schenk* spezialisiert war: *Weinschenk* oder *Bierschenk*.

Blicken wir kurz über die Grenzen: Der englische Kollege des Mundschenks ist der *Butler*. Dessen Berufsbezeichnung ist nicht an seinem

Tun orientiert, sondern am Objekt seiner Tätigkeit: der Flasche oder Bouteille. Er hieß daher ursprünglich auf Altfranzösisch *bouteiller*. Dessen wörtliche Übersetzung lautet *Flaschner* – als Name auch *Fleschner* oder *Pflöschner* –, doch der hat blecherne oder zinnerne (Bett-)Flaschen fabriziert. Auf Süddeutsch heißt er *Klempner* oder *Klemperer*, weil er das Blech *klemperte*, was mit »klammern« zusammenhängt.

Die Herrschaften, die sich einen *Mundschenk* hielten, benötigten auch für die feste Nahrung das entsprechende Personal. Der Hofbeamte, der für die Tafel zu sorgen hatte, war der *Truchsess*. Das war ursprünglich der Beruf des Mannes, der über dem Gefolge (*truht*) saß.

Er lebt auch noch in Familiennamen fort, die kürzer ausfallen können: *Trucks* etwa oder *Drux*. Seine norddeutsche Fassung lautet *Droste*, die im Süden bekannt ist durch die Dichterin Annette von *Droste-Hülshoff*, in deren zweitem Nachnamen übrigens der »Hülsen« steckt. So nannte man früher die Stechpalme (Ilex aquifolium) sowie die Gegend, wo diese wuchs. Entsprechend bezeichnet *Ophüls* den »Ort oberhalb der Stechpalmen«.

Doch zurück zu den Hofbeamten. Ein solcher war der *Marschall*, dessen Amtsbezeichnung als Familiennamen im angelsächsischen Sprachraum verbreiteter ist als in Deutschland. Doch das Wort ist ausgesprochen deutsch: Es steckt die Mähre drin wie auch der *Schalk*. Die Mähre kommt vom althochdeutschen Wort *marah*, und das hieß ganz einfach »Pferd«. Und *scalc* bedeutete Diener. Der *marscalc* war mithin der »Aufseher über die Ställe«.

Noch bevor sich der *Schalk* in einen schrägen Vogel verwandelt hatte, entstand auch der Name *Gottschalk*, der nichts anderes bedeutet als »Gottesknecht«. Das war in der Phase, als der Sieg des Christentums sich in den germanischen Namen niederzuschlagen begann. Und das ist eine Weile her.

Vom Kübel bis nach Cuba

WAS BEI DEN EINEN DER *Küfer*, IST BEI DEN ANDEREN DER *Schäffler*, DER *(Faß-)Binder* ODER *Böttcher*. MAN KÖNNTE AUCH *Kübler* SAGEN ODER *Fäßler* ODER *Zubler*...

Die Vielzahl der Familiennamen, die auf den Beruf des Fassproduzenten zurückgehen, ist beeindruckend. Sie hängt zusammen mit den unterschiedlichen Bezeichnungen und den verschiedenen Arten hölzerner Gefäße.

Nehmen wir zunächst das Fass. Das besteht aus Dauben und Fassreifen, die früher aus Gerten gewunden waren. Dieser Technik verdanken wir die Namen *Faßbinder* oder einfach *Binder* oder *(Faß-)Bender*. Nach dem Produkt benannt sind die *Fasser, Fäßler, Fesseler* oder *Faßmann*. Wer die Dauben bearbeitete, war der *Daubenhauer*.

In München nennt man die Fassbinder *Schäffler* nach dem »Schaff«. Das ist ein oberdeutscher Begriff für eine Art Holzeimer, dessen Herkunft nicht eindeutig geklärt ist. Der *Schädler* oder *Schedler* war ebenfalls ein Küfer, benannt nach dem mittelhochdeutschen *schedel*, einem hölzernen Hohlmaß, dem wir vermutlich auch das Wort »Schädel« verdanken. Der *Böttcher* hat seinen Namen vom Bottich, dessen Stammbaum über die althochdeutsche *botega* über die spätlateinische *buttis* (Fass) – hier denken wir natürlich sofort an die Bütt und die Buddel – zurückreicht bis zur griechischen *apotheke*. Die war ursprünglich ein Lagerraum. Die Bütte oder Butte wurde vom *Büttner* oder *Bittner* fabriziert, während den Zuber der *Zubler* anfertigte. Hierher können auch die Familiennamen *Züberle* oder *Züblin* gehören.

Der heute geläufige Name für dieses immer rarer werdende Gewerbe ist *Küfer*, im Schwäbischen auch *Kief(n)er*, am Rhein *Küpper(s)* und in England *Cooper* genannt. Auch dahinter dürfen wir zu Recht wieder ein Gefäß vermuten, nämlich die »Kufe«, und die hat ihren Ursprung ebenfalls im Lateinischen: in der *cuppa*. Die lebt im Englischen fort als *cup* (Tasse) oder bei den Sportlern als begehrte Trophäe oder im spanischen Ortsnamen *Cuba* (Fass). Der Name der Antilleninsel wurzelt allerdings in der Eingeborenesprache: *Cubagua* bezeichnete eine Goldfundstätte – zumindest haben die habgierigen europäischen Eroberer dieses Wort so verstanden.

Aus *cuppa* formten die Deutschen das Wort »Kopf«, was zunächst nur »Trinkgefäß« bedeutete. Sein Hersteller trug die Berufsbezeichnung *Köpfer*. Später wurde ein Körperteil, der bis dahin »Haupt« genannt worden war, als »Kopf« bezeichnet, wofür es gute, in vielen Fällen noch heute nachvollziehbare Gründe gegeben haben muss.

Die kleine *cuppa* war die *cupella*. Im Italienischen erblühte sie zur *cupola* (Kuppel), im Deutschen brachte sie es gerade mal zum »Kübel«. Auch der bestand wie der Bottich, das Schaff, das Fass oder die Tonne aus Dauben. Die fügte in diesem Falle der *Kübler* zusammen, der damit des Verdachtes enthoben ist, von einem Säufer abzustammen.

Die eiserne Internationale

Nicht nur in Deutschland hat die Arbeit in den Familiennamen ihre Spuren hinterlassen. Das beweist ein Blick auf die *Schmidts* aller Länder.

Auf den ehrsamen Beruf des Schmieds geht der häufigste Familienname im Lande zurück. Der Schmied gilt als Klassiker unter den Handwerken, als erster Spezialist in der langen Geschichte der Arbeitsteilung – die sich natürlich nicht nur in Deutschland abgespielt hat.

Fangen wir bei den alten Römern an: Dort hieß der Schmied *faber*, weshalb im Zeitalter des Humanismus, im 15./16. Jahrhundert, mancher Bildungsbeflissene seinen deutschen Namen *Schmi(e)d(t)* in einen *Faber* verwandelte. Dem *Schmiedts* oder *Schmitz* entspricht der *Fabri.* Im Französischen hat der *Faber* eine ganze Reihe von Nachkommen hinterlassen, etwa den *Fabre, Favre, Faivre, Faure, Favre, Fèvre.* Wenn man denen noch ein *Le* hinzufügt, das im Französischen – im Unterschied zum Schwäbischen – vorn steht und »der« bedeutet, dann finden wir noch *Lefèvre, Lefeuvre und Lefeubre.* In Italien wurde der *Faber* zum *Fabbri(s).*

Im Deutschen existieren weitere Bezeichnungen für den Schmied, die von seinem Werkstoff herrühren. Da gibt es etwa den *Eisenhauer*, der in den USA zum *Eisenhower* mutierte. Der *Eisner* oder *Eißler* hingegen handelte mit Eisen oder Eisenwaren, ebenso der *Eisenmann.* Ganz anders der *Eisele:* Er kommt von Vornamen wie *Isenhart* oder *Isenbert,* die jedoch ebenfalls eisenhaltig sind.

»Eisen« entspricht dem lateinischen *ferrum*, woraus *ferrarius* abgeleitet ist, und das bedeutet ebenfalls »Schmied«. Die Ähnlichkeit mit der italienischen Automarke *Ferrari* und dem Süßwaren-Fabrikanten *Ferrero* ist kein Zufall. Doch nicht nur die Italiener sind Romanen, sondern auch die Rumänen. Wie ihr Name verrät, mögen sie das *u* lieber als das *o*. Daher heißt der *Ferrero* hier *Fierar(i)u*. Die Spanier hauchen das lateinische *f* nur noch: ihr Schmied schreibt sich *Herrero*, während die Portugiesen den *Ferreira* bevorzugen.

Wie es außerhalb des deutschen und romanischen Bereichs aussieht, lehrt ein Blick in den dtv-Atlas Namenkunde, wo Konrad Kunze die *Schmi(e)d(t)s* aller europäischen Länder auf einer Karte vereinigt hat. Da finden wir in Polen den *Kowalski, Kowalczyk* und *Kofahl*, weiter südlich den *Kovárik, Koval, Kovac* und *Kovacic*. Im Baltikum stoßen wir auf *Kalweit* und *Kalwis*, in Russland auf den *Kusnjezov* und in der Ukraine auf den *Kovalenko*.

Die griechischen *Schmidts* nennen sich *Siderakes*, die türkischen *Demirci*, weil das Eisen bei den Griechen *sidero* und bei den Türken *demir* heißt.

Ein Kapitel für sich sind die Kelten. Bei ihnen lauten die entsprechenden Familiennamen in der Bretagne *(Le) Goff* oder *Go(v)ic*, in Irland *Mac Gow(an)* beziehungsweise *O'Gow(an)* oder *Gobha(nn)* oder *Ghabhann*. Und die Schotten heißen *Gow* oder *Mac Gowan* – so sie nicht einfach auf den schönen Namen *Smith* hören.

AUSSEHEN UND CHARAKTER

Haarige Bezeichnungen

Braun, Schwarz, Roth, Weiß GEHÖREN ZU DEN DREI DUTZEND HÄUFIGSTEN NAMEN IM LANDE. DOCH WO BLEIBEN *Blau, Gelb, Grün, Violett*?

Die politische Farbsymbolik, die man angesichts von *Schwarz*, *Weiß*, *Rot* und *Braun* bemühen könnte, ist für die Erklärung der entsprechenden Namen-Häufigkeit absolut untauglich. Denn die Leute hießen schon lange so, bevor sich mit jenen Farben irgendeine Gesinnung verbinden ließ. Dennoch fällt auf, dass von den Farben des Regenbogens nur *Rot* sehr verbreitet ist, während Menschen, die *Orange*, *Gelb*, *Grün*, *Blau* oder *Violett* heißen, zusammen eine zahlenmäßig vernachlässigbare Größe bilden. Hingegen gibt es immerhin annähernd 1000 Telefonbucheinträge im Lande, die auf *Grau* lauten.
Die Farben *Braun*, *Schwarz*, *Rot*, *Weiß* und *Grau* sind uns auch vertraut aus dem deutschen Liedgut vom schwarz-braunen Mägdelein bis zum schneeweißen Haar. Und da liegt der Hase im Pfeffer: Höchstwahrscheinlich gehen diese Namen auf Haarfarben zurück. Für gesichert gilt dies bei *Grau*. Dafür sprechen verwandte Namen wie *Grauschopf* oder *Grohschopf*, wo es eindeutig um Haare geht. In die Schar der grauen Häupter gehören auch *Grah-* oder *Grohmann, Grah(e)* oder *Groh(e), Greue, Greuling, Greubel* oder *Krau(e)(l)*.
Weiß oder *Schwarz* konnte aber auch auf die Pigmentierung der Haut anspielen. Bei *Roth* kommt neben der Haarfarbe ein völlig anderer Ursprung in Frage: die Rodung, die zahlreiche Ortsnamen hervorgebracht hat, aus denen wiederum entsprechende Familiennamen ent-

sprossen sein können. *Braun* kommt entweder direkt von der Haarfarbe oder ist über den Rufnamen *Bruno* zum Familiennamen geworden. In diesem Fall war es eben der *Bruno* (Brauner), der braune Haare hatte.

Und wo bitte sind die Blonden? Das Eigenschaftswort »blond« ist erst relativ spät über das Französische in den deutschen Wortschatz eingerückt. Familiennamen, die auf blondes Haar des ersten Trägers jenes Namens schließen lassen, sind nicht so häufig: *Gehlkopf*, *Gelhaar* (was nicht mit Pomade, sondern mit *gelb* zusammenhängt), *Flachshaar.*

Die Erklärung für den Mangel an blonden Namen könnte sein, dass das die normale Haarfarbe war und daher nicht zum Unterscheidungsmerkmal taugte. Umgekehrt dürften Krausköpfe in unseren Breiten nicht die Norm, aber dennoch so zahlreich gewesen sein, dass *Kraus(e)* zu einem der häufigsten Familiennamen werden konnte.

Auf die Form der Haare nehmen Namen wie *Löckle* oder – im Gegenteil – *Glatthaar* oder *Schlichthärle* Bezug. Von *strubelig* kommen *Straub, Sträuble, Streibel, Striebel, Strobel, Strube.* Auf ein vergessenes Wort *reit* (lockig) geht der Name *Reithaar* zurück. *Reid(t)*, *Raith* oder *Raidle* können jedoch außer von der Locke auch von der so genannten Reite (Hofraum) kommen.

Über Kurz oder Lang

Zählt man die *Lang*, *Lange* und *Langer* zusammen, gehören sie zu den zehn häufigsten Namen in Baden-Württemberg. Später folgen *Klein* und *Groß(e)*. Und auch *Kurz* kommt nicht zu kurz.

Kurz und *Klein, Lang, Groß* und *Breit* – diese Familiennamen deuteten ursprünglich auf die Körperbeschaffenheit der so Bezeichneten. Der Häufigkeit nach zu schließen waren Körperwuchs, Berufsbezeichnungen sowie Farbe und Beschaffenheit des Haares die beliebtesten Quellen für Beinamen, die man den Mitmenschen verlieh. Schließlich kann man heute noch beobachten, dass im Bekanntenoder Kollegenkreis Individuen von außergewöhnlichen Körpermaßen als »der Lange« oder »der Dicke« bezeichnet werden.
Apropos *Dick*: Es fällt auf, dass dieser Familienname, verglichen mit den vorgenannten, nicht besonders häufig ist. Als Grund könnte man vermuten, es läge daran, dass es neben »dick« das sinnverwandte Eigenschaftswort »feist« gab. Tatsächlich gibt es eine ganze Reihe daraus gebildeter Familiennamen wie *Feist* oder *Faist* mit *s, ss* oder *ß*. Doch zusammengenommen sind sie kaum zahlreicher als die *Dick*. Darf man daraus schließen, dass im Mittelalter, als sich die Familiennamen herausbildeten, die breite Bevölkerung noch keine Probleme mit Übergewicht hatte? Der Familienname *Dürr* – fränkisch: *Dörr* – könnte diesen Eindruck bestätigen, denn der kommt alleine etwas öfter vor als *Dick* und die diversen *Feist* zusammen. Dann gibt es da noch die *Mager* und *Mägerle*, die jedoch recht dünn gesät sind.

Die Benennung nach körperlichen Merkmalen gehört zur großen Gruppe der »Übernamen«, die man landläufig auch als »Spitznamen« bezeichnet. Während die bisher genannten Beispiele die schlichteste Art der Zustandsbeschreibung bilden, gibt es Namen, die ebenfalls auf das Äußere anspielen, jedoch in Form eines Vergleichs, so wie man heutzutage etwa jemanden als »Mops« oder »Walross« bezeichnet.
Da gibt es *Zwerg* und *Riese, Stange, Stengel* oder *Stingl* nebst Komposita wie *Hanf-* oder *Bohnenstengel*, der ebenso für einen dürren Menschen steht wie das mittelhochdeutsche Wort *schoup* (Bündel, Strohbund), von dem die Familiennamen *Schaub, Schaupp, Schäuble, Scheubel, Schaible* etc. abstammen.
Das Gegenteil davon, der eher gedrungene Typus, erhielt Namen wie *Klotz, Kolb* oder *Knittel* (Prügel). Doch ist hier wie in den meisten anderen Fällen zu berücksichtigen, dass es für Namen oft mehrere richtige Erklärungen geben kann. So konnten *Kolb* und *Knittel* auch einen Menschen mit einem klobigen Charakter bezeichnen.

Unter Wölfen, Raben und Löwen

DER HÄUFIGSTE TIERISCHE FAMILIENNAME GEHT AUF DEN *Wolf* ZURÜCK. DEMNACH HATTE SICH ISEGRIM, AUCH WENN ER IN GRIMMS MÄRCHEN MEIST UNVORTEILHAFT WEGKOMMT, URSPRÜNGLICH EINER GEWISSEN HOCHACHTUNG ERFREUT.

Der Familienname *Wolf(f)* zählt zu den verbreitetsten im Lande. Das ist auch kein Wunder angesichts der Tatsache, dass Wolfsnamen zu den ältesten Namen gehören, die eine Tierbezeichnung enthalten. Dass Tiere, die überdurchschnittliche Fähigkeiten wie Kraft oder Schnelligkeit besitzen, von Naturvölkern verehrt werden, ist bekannt. Die Gepflogenheit, Neugeborene nach solchen Tieren zu benennen, vermutlich in der Hoffnung, dass deren nützliche Fähigkeiten auf die Kinder übergehen würden, ist ebenfalls weltweit verbreitet.
Die Germanen scheinen dabei den Wolf bevorzugt zu haben, der laut Wörterbuch der deutschen Volkskunde bis heute in Volksglaube und -brauch, Sprache und Sage den ersten Rang einnimmt, gefolgt vom Bären. Auf der germanischen Beliebtheitsskala rangierte auch der *Rabe* ganz oben. Dabei stand nicht der Aspekt des Galgenvogels im Vordergrund, sondern der Glaube, dass der Rabe der klügste unter den Vögeln sei. So waren Hugin und Munin die Göttervögel des Odin beziehungsweise Wotan.
Weitere Favoriten, deren Gattungsnamen unsere Vorfahren gerne auf ihren Nachwuchs übertrugen, waren *Eber, Hirsch, Stier, Bock, Hund, Adler, Falke, Schwan* und nicht zuletzt der *Wurm*, mit dem allerdings der Lindwurm gemeint war.

Diese Tiernamen wurden gerne mit anderen Substantiven verbunden, der *Wolf* etwa mit dem Ruhm (*hruod*), woraus *hruod-wolf* und schließlich *Rudolf*, kurz *Rolf* wurde. Auch alle anderen Vor- und Familiennamen mit *-olf* oder *-ulf* gehen auf den Wolf zurück. Der *Bär* brummt mit in Namen, die auf *Ber-* beginnen, wie *Bernhart, Berend, Berneke,* aber auch in *Beer, Benn, Benz* oder *Betz*. Der *Rabe* steckt in der Silbe *-ram* und paart sich mit dem *Wolf* zum *Wolfram*. Von ihm – und nicht etwa vom schwarzen Pferd – stammt auch der ausschließlich schwäbisch-alemannische Familienname *Rapp*.

Der Familienname *Wolf(f)* geht meist zurück auf Kurzformen der vielen mit *Wolf-* gebildeten Namen, seltener auf einen Übernamen, den jemand wegen seines Verhaltens erhielt. Oder auf einen der früher sehr verbreiteten Häusernamen: Für die standen oft Tiere – darunter wiederum *Rabe, Eber, Bär,* aber auch Exoten wie das *Einhorn* Pate.

Hirsch und *Bär* spielen neben *Löw(e)* auch unter den Familiennamen der deutschen Juden eine bedeutende Rolle. Laut 1. Mose 49 hat nämlich Jakob seine Söhne Juda als »jungen Löwen«, Naftali als »schnellen Hirsch« und Benjamin als »reißenden Wolf« bezeichnet. Der Familienname *Löw(e)* hat im Übrigen noch einen weiteren Ursprung: So wurde früher der Gehilfe des Scharfrichters bezeichnet.

Schneller Hase, fauler Bauer

»MEIN NAME IST *Hase*, ICH VERNEINE DIE GENERALFRAGEN, ICH WEISS VON NICHTS.« DIESE NERVÖSE EINLASSUNG DES STUDENTEN VICTOR VON HASE VOR DEM HEIDELBERGER UNIVERSITÄTSGERICHT IST LÄNGST SPRICHWORT.

Der Jurastudent Victor von Hase verhalf im Jahre 1855 einem Studenten, der im Duell seinen Gegner erschossen hatte, zur Flucht. Noch bevor das Universitätsgericht Hase mit Indizien seiner Fluchthilfe konfrontieren konnte, hatte dieser bereits hinter der berühmt gewordenen Formel Deckung bezogen.
Diese Geschichte kennt kaum jemand. Dennoch ist die Redensart »Mein Name ist Hase, ich weiß von nichts« in aller Munde. Warum? Es liegt wohl daran, dass kaum ein anderer Name so gut zu der Beteuerung »Ich weiß von nichts« passt, wie *Hase*, der Inbegriff der Pflanzen fressenden Unschuld.
Damit haben wir eine Ahnung davon bekommen, wie der Name des langohrigen Feld-, Wald- und Wiesenbewohners zum Familiennamen werden konnte: Er wurde auf Leute angewandt, welche hasenhafte Wesenszüge aufwiesen. Er zählt zu den verbreitetsten Übernamen überhaupt und ist schon in althochdeutscher Zeit belegt, als der Hase noch *haso* hieß.
Eine Bezeichnung für furchtsame Menschen? Diese Deutung ist dem Namenforscher Josef Karlmann Brechenmacher viel zu eng: »Die ersten *Hase* waren schnellfüßige, feinhörige und scheu aufmerkende Menschen«, schreibt er in seinem Etymologischen Wörterbuch der

deutschen Familiennamen. Dasselbe gelte für *Hasenfuß*. Diesen Beinamen – englisch *Harefoot* – habe König Harold I. von England getragen, aber nicht, weil er ein Feigling war, sondern wegen seines leichten, schnellfüßigen Gangs.
Von den verniedlichenden Hase-Koseformen sind heute nicht mehr alle so leicht zu erkennen wie etwa das schwäbische *Häsle*. Bei *Häßlin*

ist die Hasen-Herkunft schon weniger klar ersichtlich – wobei hier auch ein *Hesse* Pate gestanden haben kann. Und bei niederdeutschen Formen wie *Häseke, Haske* oder *Haseking* denkt man im Süden kaum mehr an Meister Lampe.
Hingegen gibt es im Südwestdeutschen noch den Namen *Haasis*. Der aber ist nichts anderes als der alte Genitiv »des Hasen«. So wurde der Nachkomme eines Mannes namens *Haas* bezeichnet.
Unglaublich zahlreich sind die Komposita mit Hase: *Hasenfratz* etwa deutet ebenso wie *Hasenmaile* auf eine Hasenscharte. *Hasenohr* oder *-örl* hängt mit dem feinen Gehörsinn zusammen, *Hasenaug* hingegen kommt vom Ort Hasenau, so wie *Hasenclever* von Hasencleve. *Ha-*

senkopf bedeutete »törichter Mensch«, *Hasenknopf* hingegen nichts anderes als »Hosenknopf«.

Doch welchen Sinn ergibt *Hasenpflug*? In diesem Namen steckt nicht der Hase, sondern der Hass: Die Wendung »(ich) hass den Pflug« kennzeichnete die Gemütsverfassung eines faulen Bauern.

Die Geiß, die keine ist

Geiß UND *Bock, Hund* UND *Katz, Lamm, Huhn* UND *Hahn*: DIE HERKUNFT DIESER NAMEN SCHEINT GESICHERT. DOCH MÜSSEN SIE NICHT ALLE TIERISCHER ABSTAMMUNG SEIN.

Bock – der Fall ist klar: Träger dieses Namens verdanken denselben jenem männlichen Wiederkäuer, der im Geruch steht, besonders eigenwillig – vulgo: stur – zu sein. Die Namenforschung scheint sich darüber einig, dass es dieser Eigensinn war, der Anlass gab, den Namen des Tieres auf Menschen ähnlichen Charakters zu übertragen.

Anders verhält es sich mit *Geiß*. Bei Nennung dieses Namens denkt jede(r) an das weibliche Gegenstück zum Bock. Doch das ist nicht die einzige Möglichkeit. Der Namenforscher Konrad Kunze liefert vier denkbare Erklärungen. Natürlich kann *Geiß* auf jemanden bezogen worden sein, der »dumm, mager usw. wie eine Ziege« war. Ferner könnte auch ein Ziegenhirt so genannt worden sein. Oder es könnte ein *Geiß* oder *Gaiß* aus dem Ort Gaiß gestammt haben. Schließlich aber könnte er Abkömmling eines Mannes gewesen sein, dessen Namen den Stamm *Gis* – eine Kurzversion von *Geisel* – enthielt, also *Gisbert* oder *Gisher*. In dessen längerer Fassung *Giesel*- oder *Geiselher* steckt die »Geisel«, die wir im Sinne von »Kriegsgefangener« kennen, die aber in der Grundbedeutung so etwas wie »Sprößling« bedeutet haben könnte. Dieser *Geiselher* schliff sich allmählich zu *Geißler* ab. Allerdings kann dieser Name auch auf einen Ahnen zurückgehen, der Peitschen fabriziert hat.

Mehrfach deutbar sind auch *Lamm* samt *Lämmle*: Natürlich kann ein lammfrommer Charakter den entsprechenden Namen auf sich gezogen haben. Doch ebenso gut ist denkbar, dass ein *Lambert* (von *Land* und *berühmt*) – Kurzform: *Lampo* – Pate gestanden hat. Was übrigens Carl *Lämmle*, den aus dem schwäbischen Laupheim stammenden Pionier der Hollywooder Filmindustrie, betrifft: Er war Jude, und der jüdische Familienname *Lämmle* ist die schwäbische Umformung von *Lamech*, einem der biblischen Urväter (1. Mose 4 und 5).

Der *Hahn* mag vom Gockel und dessen Verhalten herrühren, wozu dann auch die kleinen *Hä(h)nle*, *Henle* oder *Händel* zählen. Es könnte sich aber auch um einen verkürzten *Johann* handeln. Und *Huhn* kann

sowohl einen hühner- wie auch einen hünenhaften Ursprung haben. Denn wenn es von *hun* kommt, meint es den »Hunnen«, dessen Name wiederum auch im »Hünen« steckt.

Kommen wir zum Schluss noch auf den *Hund(t)*: Natürlich konnte damit das Tier gemeint sein. Doch wahrscheinlicher ist die Herkunft aus dem Rufnamen *Hunto* oder *Hunno* (Hauptmann), worin der *huntari*, der Führer einer Hundertschaft, nachwirkt. Und *Katz* muss nicht unbedingt von der Katze kommen, sondern kann auch auch vom jüdischen *Kahenzedek* abstammen. Das war der »rechte Priester«.

HEIDEN UND HEILIGE

Heerliche Germanen-Namen

MEIN GOTT, *Walt(h)er*: GILT DIESER STOSSSEUFZER EINEM VOR- ODER EINEM FAMILIENNAMEN? DERLEI UNSICHERHEITEN KÖNNEN SICH AUCH EINSTELLEN BEI *Hermann, Werner, Günter...*

Im späten Mittelalter hörten immer mehr Menschen auf denselben Rufnamen. Sie zu unterscheiden, bedurfte es eines weiteren Namens, und dafür wurde am liebsten der des Vaters gewählt. So wurde *Fritz*, der Sohn des *Walter*, zu *Fritz Walter*.

Das erklärt die Häufigkeit von Familiennamen, die aus Vornamen entstanden sind. In Baden-Württemberg wird ihre Liste angeführt von *Her(r)mann, Walt(h)er, Wern(h)er / Wörner*. Nach dem heute aus der Mode gekommenen Rufnamen *Hartmann* finden wir *Martin, Günt(h)er, Reinhard(t), Arnold, Dietrich, Lorenz, Ludwig, Ernst, Heinrich, Simon, Wilhelm* und *Peter*. Eigentlich müsste man in diese Liste vor dem *Heinrich* auch noch den *Vollmer / Vollmar* aufnehmen, denn der ist nichts anderes als ein etwas abgeschliffener *Volkmar*.

Bei dieser Aufzählung fällt auf: Fast all jene Namen sind germanischer Herkunft. Der häufigste christliche, *Martin*, erscheint erst auf Platz 5, der zweite, *Lorenz*, auf Platz 10, und noch später der *Simon*. Das ist bemerkenswert angesichts der Tatsache, dass sich im Laufe der Jahrhunderte nach der Christianisierung die Heiligennamen hebräischen, griechischen und lateinischen Ursprungs sehr nachhaltig durchgesetzt haben.

Warum treten christliche Namen nicht häufiger als Familiennamen auf? Der Namenforscher Konrad Kunze erklärt das vor allem in Südwestdeutschland zu beobachtende Überwiegen germanischer Namen damit, dass hier die Einführung von Familiennamen früher stattgefunden hat als in anderen Gegenden, nämlich bereits im 12./13. Jahrhundert. Damals aber hatten sich die christlichen Namen noch nicht so recht etabliert.

Die germanischen Namen bestehen aus Bausteinen, die immer wiederkehren. So stecken in *Hermann*, *Walther*, *Wernher* und *Günther* das »Heer«, althochdeutsch *hari*. Weitere Elemente der genannten Namen sind: *arn* (Adler); *ernst* (entschlossen); *gund* (Krieg); *hagin* wird zu *Hein-* (eingehegter Ort); *hard(t)* (stark, fest); *helm* (Helm); *hlut* (laut, bekannt); *mann* (Mann, Mensch); *mari* (berühmt); *ragin* wird zu *Rein-* (Schicksal); *rihhi* wird *Rich-* (Herrscher, Macht, Reich); *thiot* gerät zu *Diet-* (Volk); *(w)ald / -old* (Waltender); *werin* (Volksname der Warnen); *wig* (Kampf); *willo* (Wille).

Allerdings darf *Walt(h)er*, der aus *wald* und *hari* besteht, nicht als »Heeres-Verwalter« oder »Verwaltungs-Heer« übersetzt werden. Zwar waren wohl ursprünglich bei zweigliedrigen Namen die Bestandteile sinnvoll aufeinander bezogen. Doch spätestens als keiner mehr wusste, was die Namenglieder bedeuteten, wurden sie nach anderen Gesichtspunkten zusammengefügt, etwa nach Familienbeziehungen.

Alles klar? Mein Gott, *Walt(h)er*!

Walz, Benz, Ritz, Kotz, Wutz

Lutz, Fritz, Götz, Benz, Walz: Alle sind recht einsilbig, alle enden auf *z* und alle gehören zu den 100 häufigsten Familiennamen im Land. Doch nur dem *Fritz* sieht man seine Herkunft sofort an.

Fritz ist bekanntlich eine Kurzform von *Friedrich*. Und *Benz* gehört zu den Lieblingsnamen der Badener (die Württemberger bevorzugen *Daimler*). Was *Fritz* und *Benz* verbindet, ist der Umstand, dass beide die Kurzversionen längerer Namen sind. Deren abschließendes *z* ist der bescheidene Rest einer liebevoll gedachten Endung *-izo*.
Heute werden Vornamen verniedlicht, indem man ein *i* an das erste Namensglied hängt. So wird der *Ulrich* zum *Uli* und der *Volkmar* zum *Volki*. Früher hätte man sie auch *Utz* und *Volz* nennen mögen.
Diese Art, Kosenamen zu konstruieren, ist längst aus der Mode gekommen, doch zeugen noch zahlreiche Familiennamen davon: Der *Lutz* kommt vom *Ludwig*, der *Götz* vom *Gottfried*. Der *Benz*, der zum *Bienzle* weiter verkleinert wurde, stammt ebenso wie *Betz* und *Bertsch* vom *Ber(ch)told*, der sich aus althochdeutsch *beraht* (hell, strahlend) und *-(w)ald/-old* (Waltender) zusammensetzt. Manchmal ist der *Benz* aber auch dem *Bernhard* entsprossen, in dem der Bär steckt, oder dem lateinischen *Benedikt*, dem »Gesegneten«.
Wer bei *Walz* an eine große Maschine denkt, der man tunlichst aus dem Weg geht, liegt völlig falsch. Denn die ist verwandt mit dem Verb »wälzen«, während der Familienname *Walz* etwas mit »walten« zu tun hat; er ist eine Kurzform von *Walt(h)er*, dessen erstes Namensglied

dem zweiten von *Ber(ch)told* entspricht. Auch *Welz* kann von *Walt(h)er* kommen, konnte aber auch der Übername für einen Fischer sein, der Welse fing.

Zu den Namen mit dem so genannten *z*-Suffix zählt auch *Seitz*, ein Abkömmling von *Seifried* oder *Siegfried. Kunz(e)* und *Conz(e)* kommen ebenso wie *Kotz* und *Kutz* vom *Konrad*, zu dessen zahllosen Ableitungen der schwäbische *Kienzle* gehört. Der *Hinz* ist natürlich ein verkürzter *Heinrich*, dessen nicht mehr zu unterbietende Verkleinerung übrigens der *Heinzelmann* ist.

Dass *Hinz* und *Kunz* sprichwörtlich geworden sind, liegt an ihrer häufigen Verbreitung. Früher sagte man stattdessen gerne »*Bertsch* und *Benz*«, was ein Hinweis auf die Häufigkeit auch dieser Namen war.

Hinter *Manz*, *Menz* und *Munz* stecken verschiedene Namen. *Manz* kommt von *Mangold*, der *managi* (Menge, Schar) enthält, oder vom *Manhart* oder *Manfred*, dessen erster Teil tatsächlich »Mann« bedeutet. *Menz* geht auf *Meinhart* zurück, der sich auf althochdeutsch *magan* (Stärke) bezieht. *Munz* hingegen könnte vom längst vergessenen Rufnamen *Mundoald* herrühren. Dieser *Mund* hat ebenso wenig wie der Vormund etwas mit »Maul« zu tun, sondern bedeutete »Schutz« oder »Schützer«.

Zu *Ritz* wurden Namen, die mit *Reich-* begannen. *Wörz*, *Wer(t)z* und *Wenz* gehören zu *Wern(h)er*, *Dietz* zu *Dietrich*. Und *Wutz* ist ein entfernter Verwandter von *Wotan*.

Im Namen: Christus

Christ: Der Name ist Programm, selbst dann, wenn sein Träger damit nichts am Hut haben sollte. Allerdings ist dieser Name selten, verglichen mit anderen kirchlicher Herkunft.

Von den Familiennamen, die aus christlichen Vornamen hervorgegangen sind, ist *Martin* der häufigste in Baden-Württemberg. Es folgen *Lorenz*, *Kopp* – eine Kurzform von *Jakob* –, *Simon* und *Peter*. Das sind die Namen von einem Erzvater Israels, von Aposteln und Heiligen. Doch wo bleibt der Name dessen, auf den sich alle Christen berufen, der Name *Jesus*?

Nehmen wir die Spanier: Die haben keine Scheu, ihre Kinder *Jesús* zu taufen, was hier zu Lande undenkbar war, bis 1998 *Jesus* als Vorname zugelassen wurde. Und wenn ein Spanier oder Latino den Nachnamen *Cristo* trägt, bedeutet der ganz einfach »Christus«. Der deutsche Familienname *Christ* hingegen ist im Sinne von »Christenmensch« – lateinisch: *christianus* zu verstehen. Wir kennen ihn als *Christian*.

Der ist auch in zahlreichen verkürzten Formen in die Welt der deutschen Familiennamen eingegangen. Da wären beispielsweise der schon erwähnte *Christ*, ferner *Krist*, *Krisch(an)*; dann, mit umgestelltem *r*, *Kirst*, der sich bis hin zum missverstandenen *Kirsch* weiterentwickeln konnte. Auch *Kerst (en)*, *Karst(en)* und *Korst* gehören hierher. Schließlich konnte das *r* ausgestoßen werden, was zu *Kist, Kest* oder *Kast* führte.

Christ beziehungsweise seine griechische Urform *Christianos* ist also ein Bekennername, der auf die Anfänge des Christentums zurückgeht. Die ersten Christen legten ihn sich bereits als Zweitnamen zu, den sie im Falle ihrer Anklage dem Richter gegenüber angaben.

Wenn Jesus Christus auch Jude war, so ist sein Name der Form nach hundertprozentig und dem Ursprung nach zur Hälfte griechisch. *Christós* bedeutet »der Gesalbte«. Das war wiederum eine Übersetzung des hebräischen »Messias«. Und *Iäsúus*, wie der Name eigentlich auszusprechen ist, war die griechische Form des hebräischen Namens *Jeschua*, einer Kurzform von *Joschua* (Josua), und das heißt »Jahwe ist Hilfe«.

Christus steckt auch im griechischen Wort *Christó-phoros*, was »Christus-Träger« bedeutet und zu Familiennamen wie *Stoffer*, *Stöffel* oder *Stoppel* wurde. Die Beliebtheit dieses Namens hängt mit der Funktion des heiligen Christophorus zusammen. Der war einer der 14 Nothelfer und amtierte als Patron gegen den jähen, plötzlichen Tod. Ein solches Ende ohne vorherige Buße galt nämlich im Mittelalter als das Schlimmste, was einem widerfahren konnte.

Damit ist allerdings die Frage noch nicht beantwortet, warum andere christliche Namen häufiger zu Familiennamen wurden als *Christian* und *Christoph*, die den Namen Christi enthalten. Doch das ist ein anderes Kapitel.

Heilige Namen mit heidnischem Kern

WIE KOMMT ES, DASS UNTER DEN BADEN-WÜRTTEMBERGISCHEN FAMILIENNAMEN KIRCHLICHEN URSPRUNGS *Martin, Lorenz* UND *Kopp* AM HÄUFIGSTEN VORKOMMEN?

Beginnen wir mit *Martin*. Auf den gehen Familiennamen wie *Martens, Merten* oder *Mertl* zurück und ebenso der Name *Mörtel*, der somit nicht zu verwechseln ist mit dem gleichnamigen Bindemittel. Das ist mit dem Mörser stammverwandt.

Martin wurde populär über die Figur des Sankt Martin, Bischof von Tours, der um 400 gestorben ist. Die Legende kennt ihn als den edlen Ritter, der seinen Mantel mit einem Bettler teilte. Seine historische Bedeutung beruht darauf, dass er die ältesten Klöster des Abendlandes gründete und vom Frankenkönig Chlodwig zum Schutzherrn des christianisierten Frankenreiches erhoben wurde.

Martins Mantel – lateinisch: *capa* – wurde zur Reliquie. Der Ort, wo sie aufbewahrt wurde, hieß nach diesem Mantel *capella* und der dazugehörige Geistliche war der *capellanus*, der heutige Kaplan.

Zahllose frühe Kirchen wurden dem heiligen Martin geweiht, der – wie Georg – Patron der Ritter war, gleichzeitig aber auch ein großer Volksheiliger. Sein Tag, der 11. November, spielt bis heute im Brauchtum eine große Rolle. Als Vorname verlor er auch nach der Reformation nicht an Beliebtheit, da der Reformator Luther ebenfalls Martin hieß. Dabei hat der Name *Martin* einen harten heidnischen Kern, in dem kein Geringerer steckt als der römische Kriegsgott Mars: *martinus* bedeutet »zu Mars gehörig«, ebenso wie übrigens auch *martialis*, das in »martialisch« steckt.

Der Name *Lorenz* kommt von *Laurentius*, womit einer bezeichnet war, der aus dem Ort *Laurentum* bei Rom stammte. Dessen Name wiederum hängt sicher mit lateinisch *laurus* (Lorbeer) zusammen, welcher übrigens im Spanischen zu *laurel* geworden ist und den Namen für einen bekannten Filmkomiker abgab. Seine Bedeutung erhielt der Name durch den Märtyrer und Heiligen Laurentius, der anno 258 auf dem glühenden Rost gemartert wurde. Nachdem am Laurenzitag, dem 10. August 955, Otto der Große auf dem Lechfeld die Ungarn geschlagen hatte, förderte er tatkräftig die Verehrung des Laurentius. *Kopp* ist eine der Kurzformen von *Jakob*. Daneben gibt es weitere wie *Jack* und *Jäckle*, *Kob* und *Kobbe*, *Köpcke* und *Köbele*, wohingegen *Köberle* der kleine *Kober* (Korb) ist. *Jakob* bedeutet »Gott möge schützen«. So hieß der alttestamentarische Patriarch, weshalb der Name schon bei den Hebräern sehr beliebt war. Allein unter den Aposteln war der Name *Jakob* zwei Mal vertreten. Für die spätere Popularität des Namens ausschlaggebend war Jakob der Ältere, spanisch: *Santiago*, zu dessen Grab in Compostela seit dem 9. Jahrhundert die Pilgerströme ziehen. So wurde er Patron der Pilger. Und da an seinem Tag, dem 25. Juli, die Ernte begann, wurde er auch Kornpatron. Es gab mithin allen Grund, sich mit ihm gut zu stellen.

Vom Kaspar zum Kasperle

Kaspar, Melchior, Balthasar: DIE HEILIGEN DREI KÖNIGE RESPEKTIVE DREI WEISEN AUS DEM MORGENLAND HABEN AUCH IN DER DEUTSCHEN FAMILIENNAMEN-LANDSCHAFT SPUREN HINTERLASSEN.

Als »Kasper« bezeichnet man heute jemanden, der gewollt oder ungewollt komisch ist. Die Gleichsetzung mit dem Hampelmann ist geprägt vom Kasperle aus dem Puppentheater, und zwischen diesem und dem ersten der heiligen drei Könige sieht niemand mehr einen Zusammenhang. Den gibt es aber, auch wenn diese Geschichte mit drei Namenlosen beginnt.

Die drei Astrologen nämlich, die laut Matthäus 2 dem Stern nach Bethlehem gefolgt waren, werden dort noch als Magier bezeichnet, ohne dass ihre Namen genannt sind. Zu Königen avancierten sie erst später durch Ausdeutung von Prophezeiungen des Alten Testaments. Ihre Namen *Kaspar*, *Melchior* und *Balthasar* erhielten sie im 9. Jahrhundert, und im 12. Jahrhundert wurde *Kaspar* schwarz. In den mittelalterlichen Dreikönigsspielen geriet der Mohrenkönig im Lauf der Zeit zur lustigen Person, und als solche löste er im 18. Jahrhundert in Wien den Hanswurst ab.

Zum Familiennamen war *Kaspar* oder *Kasper* aber schon früher geworden, als man diese Figur noch ernst nahm. Möglicherweise besteht ein Zusammenhang zwischen dem religiösen Theaterspiel und den Familiennamen, denn dass die Namen der Rollen auf ihre Darsteller übergingen, war keine Seltenheit. Auch dem Schauspieler, der den

Teufel mimte, konnte durchaus blühen, dass der Name an ihm haften blieb.

Kaspar wird von dem persischen Wort *kansbar* abgeleitet, das »Schatzmeister« bedeutet. Der hat dann als deutscher Familienname unterschiedliche Formen angenommen, etwa *Gasper, Jasper, Kaps* oder *Kapp*, wobei *Kapp* allerdings auch der Übername für einen Kapuzenträger sein oder deren Hersteller bezeichnen konnte.

Melchior ist hebräischer Herkunft und meint »König des Lichts«. Ähnlich klingende Familiennamen wie *Melcher* können jedoch auch vom wenig königlichen, aber ehrbaren Beruf des Melkers stammen.

Balthasar schließlich entspricht dem babylonischen *Belsazar*. Der Name enthält den frommen Wunsch »Der Gott Baal behüte sein Leben«. Damit steckt dieser babylonische Segen auch in den deutschen Familiennamen *Balz, Balzer, Balser, Palzer, Balster, Baltes* sowie den etwas entstellteren Abkömmlingen des *Balthasar*, die auch mal *Baltheiser, Baldhauser* und sogar *Waldhauser*, wenn nicht gar einfach *Hauser* heißen können.

Doch sind die Fälle eher selten, in denen der Familienname *Hauser* auf einen verkappten *Balthasar* zurückgeht. *Hauser* kann auch ganz einfach ein Mensch aus Hausen sein oder ein Hausbesitzer.

Wenn wir schon bei den frommen Wünschen sind, sei daran erinnert, dass die drei glückbringenden Initialen *C+M+B* über der Haustüre nicht *Caspar*, *Melchior* und *Balthasar* bedeuten, sondern *Christus mansionem benedicat*: »Christus segne dieses Haus«.

Für Fallsucht und Floristen

Valentin, der neuerdings inoffiziell zum Patron der Floristenbranche gediehen ist, hat auch deutsche Familiennamen geprägt. Darunter einige, die mit *F* beginnen.

Wenn deutschen Familiennamen ein lateinischer Rufname zu Grunde liegt, steckt meist irgendein Heiliger dahinter. Im Falle von *Valentin*, der seinen Namenstag am 14. Februar feiert, ist allerdings nicht sicher, welcher Heilige hier Pate gestanden hat, denn es gibt sechs dieses Namens, von denen mindestens zwei im 3. Jahrhundert enthauptet wurden. Wenn dies auch in verschiedenen Jahren geschehen sein soll, so doch jeweils am 14. Februar.

Aber hier interessiert weniger der Wahrheitsgehalt diverser durcheinander geratener Heiligenlegenden, sondern nur der Name. Der kommt vom lateinischen Verbum *valere*, und das heißt »kräftig sein, gesund sein, sich wohl befinden«. Dieses Wort fand sich gleich zweimal in der üblichen Brief-Eingangs-Floskel, die schon vor 2000 Jahren so ähnlich lautete wie das heutige »Wie geht es Dir? Mir geht es gut.« Auf Lateinisch hieß das sinngemäß: *Si vales, bene est, ego quidem valeo*, nur dass die rationellen Römer es vorzogen, jenen rituellen Wortschwall abzukürzen in die Formel: *S.V.B.E.E.Q.V.*

Nannte ein alter Römer seinen Sprössling *Valentinus*, geschah dies in der Hoffnung, der Knabe möge gesund und kräftig werden. Das heißt, er versuchte das Prinzip, wonach der Name ein Vorzeichen sei (nomen est omen), aktiv zu nutzen, indem er dem Kind einen zukunftsweisenden Namen verpasste.

Die Deutschen, die später mit dem Namen *Valentin* konfrontiert wurden und kein Latein konnten, nahmen ihn nach ihrem Verständnis wörtlich. Da es sich eingebürgert hatte, das *v* wie ein *f* zu sprechen, sagten sie *Falentin*, glaubten, der Name komme vom deutschen Zeitwort *fallen*, und so avancierte der heilige Valentin zum Patron gegen die »Fallsucht«, wie man die Epilepsie damals nannte.
Solche Sinnsuche aufgrund ungenügender Sprachkenntnisse widerfuhr auch anderen Heiligen. So wurde *Bonifatius*, dessen Name *bonum* (gut) und *fatum* (Schicksal) enthält, für die Bohnen zuständig, die man erst nach seinem Namenstag am 5. Juni stecken durfte. *Blasius* wurde als Patron der Bläser missverstanden, obwohl sein Name vermutlich mit dem griechischen *basileus* (König) zusammenhängt, und *Augustinus* galt als Patron gegen Augenkrankheiten, obwohl seinem Namen der lateinische *Augustus* (der Erhabene) zu Grunde liegt.
Valentin wurde, lange bevor ihn die Gärtnerzunft entdeckte, auch zum Familiennamen. Er ist unter anderen in *Faltin, Ballentien* oder *Veltin* verewigt. Sein berühmtester Träger ist Karl *Valentin*, der auf die Aussprache »Falentin« bestand, da man schließlich auch nicht »Water«, sondern »Vater« sage. Allerdings hieß er, als er 1882 in München geboren wurde, Valentin Ludwig Fey.

Jahn und Hensel, Henn und John

Johannes WAR SCHON VOR 2000 JAHREN IN PALÄSTINA EINER DER GEBRÄUCHLICHSTEN NAMEN. ER HAT ÜBER 300 DEUTSCHE FAMILIENNAMEN HERVORGEBRACHT, DANEBEN AUCH DEN *Yankee* UND DEN *Iwan*.

Seit zwei Jahrtausenden stehen *Johannes* und seine Abkömmlinge auf der Beliebtheitsskala der Vornamen ganz oben. Der Häufigkeit entspricht der Variantenreichtum, der sich auch in den Familiennamen bemerkbar macht. Wer in Baden-Württembergs Telefonbüchern blättert, wird etwa 550 verschieden geschriebene Familiennamen finden, die mit *Jan-* beginnen, etwa *Janosch, Jantsch, Janek* oder *Jankowski*. Sie gehen zumeist auf eine slawische Variante von *Johannes* zurück.
Allerdings sind diese Familiennamen bei uns nicht übermäßig häufig. Klassische deutsche Formen des hebräischen Ahnen – er hieß *Jochanan* und wurde erst durch die Griechen zum *Johannes* – sind *Hansel* und *Hensel*. Doch auch sie sind weniger häufig als die Nachfahren der *Walter, Hermann, Hartmann* usw.
Der Grund dürfte darin liegen, dass der christliche Name *Johannes* in Deutschland erst Mode wurde, als die Bildung von Familiennamen schon weit fortgeschritten war. Vielen Familiennamen, die zur Namenfamilie *Johannes* gehören, sieht man die Verwandtschaft gar nicht mehr an: *Jahn, Jehn, John*, ob mit oder ohne *h*, ob mit *-s, -tz* oder *-sen* am Ende. Auch *Jandl, Janning* und *Jenninger* gehören hierher, ebenso *Handtke, Hannemann, Ham(m)ann, Henn, Hanig* und Kompositionen wie *Guterjan, Guderian, Großhans* und *Kleinhans, Althenn* und

Schneiderhan. Zu den in Deutschland verbreiteten slawischen Formen gehören *Janke, Jänisch, Jentsch, Jeschke, Gensch, Hanisch, Hanke* und *Hahnke.*

Die Entstehung des Namens *Johannes* ist eine der bestverbürgten. Im Lukas-Evangelium (Lk I, 57-66) steht die namenkundlich hochinteressante Geschichte, wie Elisabeth bei der Taufe ihres Sohnes gegen die Regel verstieß, diesem den Namen des Vaters Zacharias zu geben. Der Grund war, dass das bereits hochbetagte Ehepaar kinderlos geblieben war, bis auf die Gebete des Zacharias hin der Engel des Herrn erschien und ihm mitteilte, der Kinderwunsch werde erfüllt und der Sprössling solle *Johannes* heißen. Darin steckt ein tiefer Sinn, denn der Name bedeutet »Gott hat sich gnädig erwiesen«.

Jener *Johannes* ergriff später den Beruf des Täufers, taufte den Sohn einer Verwandten seiner Mutter, der den damals ebenfalls sehr populären Namen *Jesus* trug. Dieser Akt erhöhte wiederum später in der frühen Christenheit die Popularität des *Johannes*, dessen Geburtstag dann auf die Sommer-Sonnenwende verlegt wurde und somit das kalendarische Gegenstück zu Weihnachten bildete. Der Johannistag wurde zu einem der Haupt-Tauftage, der Name des Täufers wurde als Vorname immer beliebter und im 14. Jahrhundert überholte er gar die Spitzenreiter *Hinz* und *Kunz.*

Sankt Nikolaus und der Klomann

SANKT *Nikolaus* BESCHERT NICHT NUR ALLJÄHRLICH DEN ARTIGEN KINDERN SACKWEISE GUTE GABEN. DEM HEILIGEN AUS DER HEUTIGEN TÜRKEI VERDANKEN WIR AUCH EINEN GANZEN SACK VOLLER FAMILIENNAMEN.

Es sind sage und schreibe an die 360 Familiennamen, die Konrad Kunze in seinem dtv-Atlas Namenkunde als Abkömmlinge von *Nikolaus* auflistet. Dieser griechische Name enthält *nikos*, den Sieg, der auch weiblich und etwas anmutiger als Siegesgöttin *Nike* daherkam. Die Vokabel *laos*, die in »Laie« weiterlebt, bezeichnete das Volk. Ein anderes Wort für »Volk« war *demos* – es steckt in der Demographie, der Demokratie und der Demagogie –, weshalb *Nikolaus* und *Nikodemus* gleichbedeutend sind.

Aber bleiben wir beim *Nikolaus:* Dass *Nikolai, Nicklas, Nick* und *Klaus* hierher gehören, dürfte hinlänglich bekannt sein. Nicht mehr so deutlich erkennbar sind Derivate wie *Niggeloh, Nieglas, Niglis, Nicklisch, Nicholl(s), Nickel, Niegel, Nickling, Nitz, Nitschke, Kelas, Klauser, Lauser, Lais, Glais, Gleiser, Leissler, Laus, Glas(en), Gläsel, Las, Klasing, Klasse, Kläslin, Kläsgen, Lässing, Lessel, Klos, Kloske, Loske, Loos, Lohse, Lösel, Gla, Clawus, Glabus, Globus, Klawe, Lawis, Glauwis, Laul(e), Claven, Klafs, Klafgen, Klafke, Glabsch, Klapps, Klabs, Klage(s), Clewis, Klewe, Klähe, Klee, Kleu, Gleuel, Kleie, Kley, Leule, Klebes, Klebser, Kloe(s), Gloel, Glohe, Loes* und zum guten Schluss *Kluss.*

Daneben gibt es Zusammensetzungen, etwa mit *-mann*, bei denen man wirklich an alles andere als den Nikolaus denkt, etwa *Nickel-*

mann, Lausmann, Klassmann, Klagemann oder etwa *Klomann.* Wir finden *Kohlhaas* (was allerdings auch »Heuschrecke« bedeuten kann) als potenziellen Sprössling des *Nikolaus.* Der wurde zudem mit diversen Eigenschaftswörtern kopuliert. Meist waren es *Alt-* und *Jung-*, die zu *Altnikol* oder *Jungnitz* gerieten. Es gibt auch schwerer verdauliche Kompositionen wie *Grossklos.*

Besonders gerne für Zusammensetzungen genutzt wurde die Kurzform *Nickel: Altnickel, Jungnickel, Grasnickel, Heinickel, Honickel, Langnickel* oder der freundliche *Liebernickel.* Übrigens war *Kupfernickel* ein Schimpfwort der erzgebirgischen Bergleute für ein scheinbar wertloses Metall, das der schwedische Mineraloge Cronstedt deswegen »Nickel« nannte. Der Schimpfname *Nickel* wiederum stammt ebenfalls vom *Nikolaus* ab.

Dieser Rufname war zu der Zeit, als die Familiennamen entstanden, nach *Johannes* der zweithäufigste. Nikolaus gehörte zum harten Kern der 14 Nothelfer und war einer der großen Feiertagsheiligen, an deren Festen Sonntagsruhe zu herrschen hatte. Das konnte ihrer Popularität natürlich nur zuträglich sein. Nikolaus hatte bereits in Byzanz als besonders effektiv und »engelsgleich« gegolten, weil er schon zu Lebzeiten Wunder wirken konnte.

Wegen seiner immensen Fruchtbarkeit auf dem Felde der Familiennamen würde er gut zum Patron der Namenforscher taugen.

MÄNNER, FRAUEN UND VERWANDTE

Starke Frauen in der Männerwelt

ES WAR ZWAR KEIN ALLZU HÄUFIGES PHÄNOMEN, DASS FRAUEN IN DER MÄNNERWELT DES MITTELALTERS EINEN FAMILIENNAMEN GEPRÄGT HABEN. ABER ES IST DURCHAUS VORGEKOMMEN – EIN INDIZ FÜR STARKE FRAUEN.

Bei Familiennamen wie *Gehlen, Metz, Hiller, Ketterer* oder *Künne* kommt heute kaum jemand auf den Gedanken, dass hinter ihnen eine Frau stecken könnte: Zwar kann *Künne* von *Konrad* stammen, aber ebenso gut von *Kunigunde*. Sie ist auch die Mutter der *Künischer, Könngott, Kenngott* sowie *Kingerter*.

Ketter oder *Ketterer* ist – ebenso wie *Kathreiner* – der *Katharina* entsprossen. *Gehlen* kann auf *Gertrud* zurückgehen und *Hiller* auf *Hildegund*, allerdings auch auf einen der Männernamen, die mit *Hild-* (Kampf) begonnen haben. Es käme auch noch ein Ahn in Frage, der Hüllen- oder Mützenmacher war.

Bei *Metz* denkt man zunächst eher an einen Steinmetz – was keineswegs abwegig ist, während der Metzger hier nicht zur Debatte steht. Auch das Metz genannte Kornmaß ist als Übername denkbar. Doch in vielen Fällen kommt der Familienname *Metz* – ebenso wie *Mette* oder *Metke* – vom Frauennamen *Mechthild*.

Zu den Frauennamen, aus denen Familiennamen hervorgegangen sind, zählen unter anderen *Adelheid* mit *Alken, Alscher* oder *Alschner, Hedwig* mit *Hedwiger* und *Heesche, Lutgard* mit *Lückert* und *Lucke, Walburga* mit *Wobbe, Wolper* und *Walb, Agnes* mit *Angenet, Neeser* und *Neske, Elisabeth* mit *Elsner* und *Bethge* oder *Sophia* mit *Soffner, Fige(ner)* und *Fei.*

Unter welchen Umständen gebar ein Frauenname einen Familiennamen? Antwort: unter anderen – im Sinne von »außergewöhnlichen«. Zunächst konnte es sein, dass kein Vater vorhanden war, sei es, weil er sich dünne gemacht oder weil er bereits das Zeitliche gesegnet hatte. Doch konnte es auch vorkommen, dass Mutter wirtschaftlich potenter war als Vater oder dass sie gesellschaftlich mehr hermachte. Dann schmückte sich der Nachfahre lieber mit dem mütterlichen Ruf- oder Familiennamen. So bevorzugte Johannes *Gensfleisch* den Hausnamen der Mama: *Gutenberg*.

Schließlich gibt es »Gynäkonymika«, Namen, die auf (Ehe-)Frauen zurückgehen. Sie können Abhängigkeitsverhältnisse widerspiegeln, nämlich wenn die Frau eine Chefin war. Hier ist daran zu erinnern, dass »Frau« – mittelhochdeutsch *vrouwe* – ursprünglich »Herrin« bedeutete. Diese *vrouwe*, zu *Ver-* verkürzt, ist noch in verschiedenen norddeutschen Familiennamen versteckt. So bedeutet der Name *Vernaleken* »(Dienstmann) der Herrin Adelheid«. Solche Dienstverhältnisse zeigen sich auch in Frauennamen, an die ein *-man* gehängt ist: *Taleman* war der Leibeigene der Adelheid, kurz: *Tale*. Hingegen steckt in *Telemann* und *Thälmann thiot* (Volk), welches im grammatikalischen Sinne ein Neutrum ist.

Ein Mädel oder Weibel...

CHERCHEZ LA FEMME: MAN(N) SUCHT *Frau* MEIST VERGEBENS IM ADRESSBUCH, JEDENFALLS ALS FAMILIENNAMEN. EHER FINDET MAN EIN *Weible* ODER *Mädel*.

Der Familienname *Frau* ist selten – im Gegensatz zu *Mann*, der zu den 300 häufigsten im Lande zählt. Ungefähr gleich viele Baden-Württemberger heißen *Herr*. Dagegen ist es um die *Dame* wieder ganz schlecht bestellt, ebenso um das *Weib*, das es nicht als Familiennamen gibt. Doch mangelt es nicht an *Weible, Weiblen, Weiberle* oder *Weibel*. Und zählt man die *Madel, Madl* und ähnliche zusammen, kommt man auch auf eine runde Hundertschaft.

Doch ach – das *Madel* ist kein Mädchen und das *Weibel, Waibel, Waible* oder *Weible* kein Weibchen. Im Gegenteil: Die Ursprünge beider Namen sind zum Teil ausgesprochen unweiblich, zumindest nach dem herkömmlichen Rollenverständnis. Nehmen wir *Weible*: Dieser Name stammt ebenso wie *Weiberle, Weibert, Wybert, Wippert* oder *Weitbrecht* von einem Urvater namens *Wigprecht* ab, und in dem steckt das althochdeutsche *wig* (Kampf). Das wurde zur Bildung aller möglicher Personennamen verwendet, etwa für *Wighard*, das sich im Lauf der Jahrhunderte unter anderem zu einem paradox anmutenden *Weich-(h)ardt* entwickelt hat, aber inzwischen auch *Wiegert, Weigert* oder *Wickert* heißen kann.

Weibel und *Waibel* können allerdings auch Verwandte des Feldwebels sein, in dem der mittelhochdeutsche *weibel* erhalten ist. Das war der Gerichtsbote.

Auch *Weiber* hat einen völlig unweiblichen Kern, der in diesem Falle in der Traube – schwäbisch: Weinbeere – zu suchen ist. So schrieb sich im 16. Jahrhundert ein württembergischer Höfling einmal *Weinbeer, Weinmer*, dann aber *Weiber* oder *Waiber*.

Für *Mad(e)l, Mäd(e)l, Mad(e)le, Mäd(e)le, Madler* oder *Mädler* gibt es mehrere Möglichkeiten. Entweder gehen diese Namen zurück auf einen alten Personennamen, der mit *Mahal* (Gerichtsstätte, Versammlung) begann – einem Wort übrigens, dem wir die Vokabeln »Gemahl« und »vermählen« verdanken. Ein *Madalher* konnte zum *Mädler* werden, und ein *Madulf* über die Kurzform *Matto* zum *Madel* oder *Mädel*.

Eine andere Möglichkeit ist, dass der Familienname auf einen Orts- oder Wohnstättennamen zurückgeht. Eine mähbare Wiese hieß auf Mittelhochdeutsch *mad*, und damit wurden eine ganze Reihe von Flurnamen wie etwa das schwäbische *Mä(h)dle* gebildet, die wiederum auf die Personen übergehen konnten, die dort wohnten.

Nach diesen Erfahrungen bleibt auch für *Da(h)me* nicht mehr allzu viel Hoffnung, dass eine solche Patin gestanden hätte. Tatsächlich liegt entweder ein Ortsname zu Grunde – oder der Vorname *Thomas*. Doch endlich, bei *Frau*, steckt eine dahinter – ebenso bei *Frauen*. Damit konnte jemand – natürlich ein Mann! – gemeint sein, der im Dienste einer *vrouwe*, also einer bestimmten Herrin stand.

Sah ein Knab ein Männlein stehn

DER *Knabe* REIFT ZUM *Mann*, UND AUS DEM WIRD GELEGENTLICH EIN *Herr*. UND WENN DAS *Büble* PECH HAT, WIRD NUR EIN *Männle* AUS IHM.

Die Entwicklungsstadien des Mannes haben sich alle in Familiennamen niedergeschlagen. Der eine heißt *Mann*, der andere *Knabe, Herr* oder *Bub*. Warum?

Beginnen wir beim *Mann*: Es gibt mehrere Erklärungen, warum jemand so genannt wurde, etwa, weil er als vorbildliches Mannsbild galt. Es kann aber auch einer jemandes Mann im Sinne von Gefolgsmann gewesen sein. Ferner bezeichnete der Name *Mann* eine bestimmte Stellung in der ständischen Hierarchie. Doch in den meisten Fällen wird der Mann von der Kurzform *Manno* herrühren, die für Namen stand, die mit *Man-* (Mann) begannen, etwa *Manhart* oder *Manfred.*

Konnte *Mann* der Übername für einen tüchtigen Menschen sein, so wird man sich unter *Männle, Männchen, Männel* oder *Männicke* eher ein etwas zu kurz geratenes Exemplar der Gattung Mann vorstellen müssen, falls es sich nicht um ein »Manfredle« handelte. Das kann auch für *Ma(h)nke* gelten, der aber eher auf den Personennamen *Maginolf* oder *Mangold* zurückgeht.

Beide haben nichts mit dem Mann zu tun. Vielmehr steckt im *Maginold magan* (Kraft) und im *Manegold* das althochdeutsche *manag* (viel) – denken wir an englisch *many*. Das *Männle* konnte zum *Mändl, Mandl* oder *Mendel* schrumpfen, wobei diese drei auch zwei andere

Väter haben konnten, nämlich den *Manto*, eine Kurzform des bereits erwähnten *Managold*, und den hebräischen *Immanuel*, dessen Name auf deutsch »Gott mit uns« bedeutet.

Mit *Herr(e)* verhält es sich ähnlich: Dieser Name konnte sowohl einen wirklichen Herren kennzeichnen als auch einen, der im Dienst eines Herren stand. Und er kann in der Kurzform eines Personennamens wurzeln, die mit *Herr-* beginnt, etwa *Hermann, Herbert* usw., was nichts mit einem Herren, sondern einem Heer zu tun hat.

Knab(e) kommt von *Knapp(e)*, und so nannte man zum einen die Jünglinge, die einmal Ritter werden wollten, zum anderen die Handwerksgesellen, etwa die Berg- oder Weberknappen. Außerdem bedeutete *knapp* im Fränkischen »gewandt, tüchtig«. Die *Knab(e)s* oder *Knapp(e)s* können sich also aussuchen, was ihnen als Erklärung am genehmsten ist.

Der *Bub(e)*, der im Neuhochdeutschen als Schimpfwort gelten kann, meinte zunächst einfach nur den Buben im schwäbischen oder bayrischen Sinn, also wertfrei. Es gab den Personennamen *Buobo, Buppo, Boppo* oder *Poppo*, der heute noch in vielen Orts- oder Flurnamen steckt wie etwa Poppenreute etc. Im Familiennamen *Bub(e)* kann also entweder dieser alte Taufname stecken oder eben der *Bub* im Sinne von »männliches Kind«, vielleicht auch im Sinne von »Diener« oder »Knecht«.

Etwas völlig anderes ist übrigens der *Bubner*: Sein Urahn war der ostsorbische *bubnar* – der Trommler.

Mutter, Vater, Kinder

SCHON VOR ERFINDUNG DER EMANZIPATION WURDE DER MUTTERTAG KREIERT. DEN DÜRFEN MIT FUG UND RECHT AUCH ALL JENE FEIERN, DIE MIT NACHNAMEN *MUTTER* HEISSEN.

Frauennamen oder -berufe haben sich nicht gerade häufig in den Familiennamen niedergeschlagen. Das ist kein Wunder angesichts der patriarchalischen Strukturen, unter denen sich die Familiennamen entwickelt haben. Ein Wunder ist es eher, wenn es dennoch Menschen gibt, die den Familiennamen *Mutter* führen.
Das Wunder verflüchtigt sich jedoch wieder sehr schnell, wenn man genauer nachsieht, wo der Name *Mutter* eigentlich herkommt. Er dürfte nämlich nur in den selteneren Fällen ein verwandtschaftliches Verhältnis bezeichnet haben und in den meisten Fällen vom Beruf des Korn- oder Salzmessers herrühren, der den Scheffel schwang. Dieses Hohlmaß hieß im Südwesten auf mittelhochdeutsch *mutte*. An der Wiege des Familiennamens *Mutter* stand demzufolge nicht *die* Mutter, sondern *der* Mutter, auch *Mutterer* oder *Muttner* genannt.

Ein Name, in dem tatsächlich die Mutter (und nicht der Moder) steckt, lautet *Modersohn.* Damit könnte entweder angedeutet worden sein, dass der Sohn zwar eine Mutter, aber keinen (bekannten) Vater hatte, oder aber, dass er ein Muttersöhnchen war. Als Übername ist *Muttersohn* auch im Süddeutschen nachweisbar. So lebte anno 1249 in Frickingen bei Überlingen ein Hainrich, genannt *Muotersun.*

Angesichts des Familiennamens *Vater* fragt man sich: Was hat dazu geführt, jemanden so zu nennen? Zunächst gab es einen ganz praktischen Grund. Hatten Vater und Sohn denselben Vornamen, unterschied man sie durch den Zusatz *Vater* oder *Sohn.* Dem entspricht die Beobachtung des Namenforschers Konrad Kunze, dass sich die Familiennamen *Vater* und *Sohn* zahlenmäßig in etwa die Waage halten. Daneben aber gibt es Fälle, in denen nicht die familiäre Beziehung den Anlass gegeben haben dürfte, sondern eher eine väterliche Art, die den Übernamen gebar (wenn man dieses Verb in Zusammenhang mit *Vater* anwenden darf).

Auch der *Kindervater* oder *Kindsvater* bezeichnet keinen Verwandtschaftsgrad: Das war nicht der Vater des Kindes, sondern der Geburtshelfer, mitunter auch der Taufpate. Der *Kindermann, Kindelmann, Kinderer* oder *Kindler* fungierte als Pädagoge (was auf deutsch »Kinderführer« heißt), der für die Erziehung der Kleinsten zuständig war. Wer Kinderschuhe fabrizierte, wurde als *Kindscher* bezeichnet.

Als *Kindler* konnte man aber auch einen kindischen Menschen beschimpfen, ebenso mit *Kind(t)* oder *Kindle. Kinder* hingegen ist nicht unbedingt die Mehrzahl von Kind, dem Symbol der Unschuld, sondern eher das krasse Gegenteil. *Kinder* kann nämlich ebenso wie *Ginter, Günter* oder *Gunther* von *Gunthari* abstammen, und darin steckt neben *hari*, dem Heer, der *gund*, das althochdeutsche Wort für Krieg.

Wo bleibt Herr Onkel?

Vetter oder *Neffe*: Manche Familiennamen knüpfen an die Familienbande an. Doch da die Familie heute nicht mehr ist, was sie einmal war, sieht man vielen Namen ihre familiäre Herkunft nicht mehr an.

Auf den *Vetter* stoßen wir häufig im Adressbuch. Doch wo bleibt der Onkel? Wenn man ihn nicht im Namensverzeichnis findet, sucht man ihn am besten im Etymologischen Wörterbuch, welches über das Alter der Wörter informiert. So erfahren wir, dass das Fremdwort »Onkel« erst im 17. Jahrhundert aus Frankreich einwanderte, als die Bildung der Familiennamen abgeschlossen war.
Zuvor hatte es an des Onkels Statt zum einen den »Oheim« gegeben; das war der Bruder der Mutter. Er hat überlebt in den Familiennamen *Ohm, Öhm, Öhme, Öhmke* oder *Oehmichen*. Der Bruder des Vaters hingegen wurde *Vetter* genannt. Deswegen sieht der »Vetter« dem »Vater« so ähnlich. Das Wort wurde aus dem »Vatersbruder« gebildet. Als es durch den »Onkel« überflüssig geworden war, nahm es seine heutige Bedeutung im Sinne von »Cousin« an.
Entsprechendes geschah mit den Vorgängerinnen der »Tante«. Die trat zum einen an die Stelle der »Muhme«. Deren *Mu-* lässt ahnen, dass sie die Schwester der Mutter war. Man findet sie, wenn auch selten, in den Namen *Muhm(e)* oder *Mühmel*. Die Schwester des Vaters, die damals noch »Base« hieß, scheint jedoch keine Familiennamen hinterlassen zu haben. Während zwischen Onkeln und Tanten mütter- oder väterlicherseits also genau unterschieden wurde, waren die übrigen Verwandt-

schaftsbezeichnungen weniger präzise. Der »Neffe« etwa ist mit dem lateinischen *nepos* (Enkel) nicht nur von der Wortgeschichte, sondern auch von der Bedeutung her verwandt. Ursprünglich nannte der Großvater seinen Enkel »Neffe«. Die übrigen Mitglieder der Familien machten es ebenso, und so erhielt diese Bezeichnung im Lauf der Zeit ihre heutige Bedeutung. Im Telefonbuch findet man den Neffen als *Neff, Neef(e), Näf(f), Nefflin, Neeb, Nebe, Neve* usw.

Der »Enkel« ist die Verkleinerungsform des althochdeutschen *ano*, das war der Großvater. Er hat sich in den Familiennamen *Ähne* oder *Ehni* fortgepflanzt. Die Oma hieß »Ahne«.

In den Familiennamen *Schwer, Schwehr, Schwär* oder *Schwör* lebt der »Schweher« fort. Das war der Schwiegervater. Seine Frau Gemahlin war die »Schwieger«, sein Sohn der »Schwager«, der Schwiegersohn der »Eidam« und die Schwiegertochter die »Schnur«. Allerdings dürfte der Familienname *Schnu(h)r* eher auf den Beruf des Schnurmachers zurückgehen.

Neben den genauer definierten Familienmitgliedern gab es noch eine allgemeine Bezeichnung für den Blutsverwandten, der im Mittelhochdeutschen *mage* oder *mac* genannt wurde. Er existiert weiter in den Familiennamen *Maag, Moog, Maack* und *Mack*, wobei letzterer auch vom *Markwart* abstammen mag. Es kann auch eine Verwandtschaft zum gälischen *Mac* geben. Aber das ist ein anderes Kapitel.

Mack, Mac, Fitz und Türkensohn

ZUR HUNDERTSCHAFT DER HÄUFIGSTEN FAMILIENNAMEN DES LANDES GEHÖRT – WENN AUCH AUF DEN HINTEREN RÄNGEN – DER NAME *Mack*. ER FÜHRT UNS IN DIE WELT DER SÖHNE.

Wie bei den meisten Familiennamen gibt es auch für *Mack* mehrere Deutungsmöglichkeiten. Eine leitet den Namen ab vom Rufnamen *Markwart*, der die *marca* (Grenze) und den *wart* (Wächter) enthält, der übrigens auch im »Tankwart« und in der über Frankreich reimportierten »Garde« steckt. Die andere Deutung aber sieht in den Familiennamen *Mack, Magg, Maag, Moog* usw. die Abkömmlinge des mittelhochdeutschen Wortes *mac* oder *mage*, und das war der nicht näher definierte Blutsverwandte. Der war ursprünglich mit hoher Wahrscheinlichkeit das männliche Gegenstück zur *maget*, der Maid. Verfolgt man die Spuren der beiden weit genug zurück, landet man beim indogermanischen *maghos* (jung). Von diesem wiederum stammt das ur-irische *maqqas* ab, das im Neuirischen *mac* heißt. Das ist der »Sohn«. Damit wissen wir endlich, dass *McDonald* der »Sohn des *Donald*« ist, welcher sich seinerseits zusammensetzt aus den gälischen Wörtern *dubno* (Welt) und *val* (Herrschaft).

Die Iren und Schotten stellen also ein *Mac* vor einen Rufnamen, wo die Norddeutschen, die Engländer und Skandinavier ein *-son* oder *-sen* hinten anhängen. Die Schotten sparen sich manchmal das *a* und begnügen sich mit *Mc*. Die Iren gehen im Übrigen oft noch einen Schritt weiter bis zum Enkel, für den sie ein *O'* vor den Namen des Opas stellen. *O'Brien* ist somit »der Enkel des Brien«.

In seinem dtv-Atlas Namenkunde hat Konrad Kunze eine Karte von Europa abgebildet, die »Patronymika« aller europäischen Sprachen enthält. Patronymika sind die aus dem Rufnamen des Vaters gebildeten Familiennamen. Der Karte ist zu entnehmen, dass in einer anderen keltischen Sprache, im Walisischen, der Sohn nicht *mac*, sondern *ap* heißt und – zum *P*- oder *B*- geschrumpft – ebenfalls vor den Namen des Vaters gestellt wird. *Bevan* ist also »der Sohn des *Evan*« (Johann). Als typisch britisch gelten auch Namen, die mit *Fitz*- beginnen, etwa *Fitzgerald*. Dieser *Fitz*- ist nichts anderes als der lateinische *filius* (Sohn), der über die französische Version *fils* auf die Insel gekommen ist. In Frankreich wird das *fils* gerne an den Vaternamen angehängt und heraus kommt zum Beispiel ein *Jeanfils*, ein »Sohn des Hans«. Der

zur selben Familie gehörende italienische *figlio* steckt, zum *Fi*- verkürzt, etwa in *Fittipaldi*.

Von Karl May alias Kara Ben Nemsi wissen wir, dass *Ben* in Arabien »Sohn« heißt. Das arabische Erbe hat sich in Spanien gehalten, etwa im Namen *Benavides*. Der türkische Sohn, *ogul*, wird als *-oglu* an den Vaternamen gehängt. Fügt man ihn an den Volksnamen, so haben wir den auch in Baden-Württemberg vertretenen Familiennamen *Türkoglu*, den »Türkensohn«. Womöglich wohnt der Tür an Tür mit *Mack*.

Die Früchte verbotener Liebe

Kögel, Liebeskind, Halbritter – HINTER JEDEM DIESER FAMILIENNAMEN STECKT EIN SCHICKSAL: DAS SCHICKSAL DES ERSTEN, DER DIESEN NAMEN TRUG.

Den *Kögel* kennen wir aus der Redewendung »mit Kind und Kegel«, die nicht etwa Ausdruck einer verbreiteten Vorliebe für das Kegelschieben, sondern eher für andere Vorlieben ist: *Kegel* bedeutete »uneheliches Kind«. Die mittelalterliche Gesellschaft konnte so unfreundlich sein, unehelich Geborene mit einem Übernamen zu kennzeichnen, der dann zum Familiennamen wurde. Doch konnte auch ein plumper Mensch *K(o)egel* geschimpft werden.

Kegel oder *Kögel* war nicht die einzige Bezeichnung für den *Muttersohn* – norddeutsch *Modersohn* –, wie eine etwas rücksichtsvollere Umschreibung lautete. Zu den freundlichen Versionen kann – muss aber nicht – auch *Liebeskind*, das Kind der Liebe, zählen.

Doch die unromantische Wirklichkeit hat dafür gesorgt, dass der Begriff *Bankert* eine nachhaltigere Verbreitung fand. Er wird noch heute als Schimpfwort verwendet und hat sich gegenüber den gleichbedeutenden Wörtern »Bänkling« und »Bankkind« durchgesetzt. *Bankert* deutet an, dass der so Bezeichnete nicht mit der rechtmäßig Angetrauten im ehelichen Bett, sondern mit der Magd auf der Bank gezeugt worden ist. Er ist übrigens nicht zu verwechseln mit dem *Bangert*: Das war der Baumgärtner.

Eine inzwischen vergessene Vokabel für den unehelich Geborenen war das mittelhochdeutsche Wort *ruschart*. Es existiert fort in den Familiennamen *Rauscher(t), Rauschart* und *Rausch(h)ardt*, wobei als andere Möglichkeit die Abstammung von einem *Rauscher* im Sinne von »Polterer« in Frage kommt. Auch *bi-slac* bezeichnete die Frucht verbotener Liebe, zu der in diesem Falle ein Adeliger beigetragen hatte – vergleichbar also dem französischen *bastard*. Daraus kann der Familienname *Beischlag* oder *Beyschlag* entstanden sein, doch der Namenforscher Josef Karlmann Brechenmacher hält es für wahrscheinlicher, dass dieser Name auf ein durch Zaun oder Graben abgesondertes Stück Land zurückgeht.

Die Maßbezeichnung *Halb-* konnte auf einen anderen Makel der Geburt weisen – auf einen wirtschaftlichen: Der *Halbritter* mochte zur Hälfte von einem Ritter abstammen, der *Halbpfaff* oder *Halfpape* von einem Priester, der *Halbherr* von einem Herren, doch das ist nicht zwingend. Es können auch Arbeits- und Eigentumsverhältnisse dahinter stecken wie beim *Halbbauer*, beim *Halb-* oder *Hallhuber* oder dem *Halb-, Half-* oder *Hallmaier*, die nur ein halbes Gut oder eine halbe Hube bewirtschafteten.

Uneheliche Kinder, die ausgesetzt werden, nennt man Findelkinder. Von diesem Schicksal zeugen Namen wie *Fintl, Funden, Findling* oder *Fündeling*. Bisweilen nannte man sie auch nach ihrem Fundort *Ufer, Breitegaß, Birkenbusch*, was allerdings auch Wohnstättennamen sein können. Eindeutig jedoch ist der Sinn des Namens *Unbekannt*.

Von wegen Todt und Leich

DEM TOD GEHT MAN AM LIEBSTEN AUS DEM WEG. JEDOCH GIBT ES KEINERLEI GRUND, SICH VOR MENSCHEN NAMENS *Todt* WEGEN IHRES NAMENS ZU FÜRCHTEN, DENN DER HAT MIT DEM SENSENMANN NICHTS ZU TUN.

Wenn der Name *Todt* manchen älteren Zeitgenossen in unangenehmer Erinnerung ist, dann hängt das mit einer technischen Spezialtruppe des »Dritten Reiches« zusammen, die den Westwall baute und den martialisch klingenden Namen »Organisation Todt« trug. Sie war benannt nach dem gebürtigen Pforzheimer Fritz Todt, den Hitler zum Generalinspekteur für das deutsche Straßenwesen ernannt hatte.
Mögen diese historischen Umstände auch nahe legen, *Todt* mit Tod in Verbindung zu bringen, ist es dennoch in den meisten Fällen falsch. Zwar ist einer der möglichen Ursprünge dieses Namens tatsächlich das Adjektiv *tot*, doch der damit Bezeichnete lebte natürlich noch, war aber vergleichsweise blass, was die boshaften Mitmenschen zu jenem drastischen Übernamen veranlasste. Zu solchen spöttischen Übernamen gehören auch *Todtenkopf* und *Todt(en)haupt*.
Anders verhält es sich mit *Todtmann*, der direkt verwandt ist mit *Dietmann* und *Thiemann*. Sie alle gehen auf den Namensstamm *diet* zurück, der »Volk« bedeutet und der sowohl im *Dieter* wie im Wort *deutsch* enthalten und im Übrigen ein weiterer der möglichen Ursprünge des Namens *Todt* ist.
Eine dritte Erklärung ist typisch süddeutsch: *Todt* kann nämlich auch von dem Wort »Dote« (Pate) kommen, was wiederum eine kindliche

Lallform von »Gote« ist. Das war eine Abkürzung für »Vater in Gott« beziehungsweise »Mutter in Gott«, wie die Stellvertreter der leiblichen Eltern bezeichnet wurden. Hierher gehört auch der Familienname *Todtenbier*, der sich auf den Taufschmaus bezieht.

Todt vom Paten abzuleiten, ist doch wesentlich sympathischer als vom Gevatter Tod. Dennoch scheint *Todt* schon zur Zeit der Humanisten, die ihre Namen zu latinisieren liebten, gerne im letalen Sinne verstanden worden zu sein. Dafür spricht der Umstand, dass es den Familiennamen *Mors* gibt. Das bedeutet nichts anderes als »der Tod«.

Betrachten wir bei der Gelegenheit auch noch den Namen *Leich*. Dabei handelt es sich um eine Kurzform des Rufnamens *Leichhard*, in dem das althochdeutsche Wort *leih* (Tanz, Kampfspiel) steckt. Diese längst vergessene Vokabel finden wir auch im »Wetterleuchten«, das nichts mit der Leuchtkraft, sondern mit dem Tanz der Blitze zu tun hat und im Mittelhochdeutschen noch *wetterleichen* hieß.

Der Mann, der zum Tanz aufspielte, wurde dementsprechend als *leichaere* bezeichnet. Er lebt noch in den Namen *Leicher* und *Leichmann*, denen mithin ein sehr vitaler Sinn innewohnt, auch wenn das Gegenteil der Fall zu sein scheint.

DER KALENDER

Montag, Freitag und Domingo

Sonntag, Montag, Freitag: WARUM HABEN SICH DIESE TERMINE IN FAMILIENNAMEN NIEDERGESCHLAGEN, WÄHREND ES *Dienstag, Mittwoch, Donnerstag, Samstag* ODER *Sonnabend* SO GUT WIE NICHT GIBT?

Donnerstag als Personennamen kennen wir von Robinson Crusoe, der einen Eingeborenen so getauft hat, weil er glaubte, ihn an einem Donnerstag kennen gelernt zu haben. Als er später feststellte, dass er sich um einen Tag vertan hatte, taufte er *Donnerstag* um in *Freitag*. Diese Erklärung für die Entstehung eines Personennamens ist von Robinsons Insel auf den deutschen Sprachraum insofern übertragbar, als auch hier der Tag des ersten Auftauchens namengebend sein konnte, nämlich der Tag der Geburt oder – bei Findelkindern – der Tag, an dem man sie von der Kirchenschwelle aufgesammelt hatte.

Da jedoch Kinder sonntags, montags und freitags weder häufiger noch seltener geboren oder gefunden werden als dienstags bis donnerstags oder samstags/ sonnabends, reicht der Geburtstag allein als Motiv nicht aus. Also muss mehr dahinter stecken.

In Baden-Württemberg kommen die Familiennamen *Sonntag* und *Freitag/Freytag* etwa gleich oft vor, *Montag* weniger. Bei *Freitag* und *Sonntag* denkt man unwillkürlich an Karfreitag und Ostersonntag – und ist damit einer plausiblen Erklärung auf der Spur. Das Handwörterbuch des Deutschen Aberglaubens bestätigt: »Der Name *Freitag* kommt fast so häufig wie der *Sonntag* als Familienname vor, jedenfalls in Beziehung auf Christi Tod, durch den die Menschheit erlöst wurde.«

Der Umstand, dass dem Freitag in diesem Nachschlagewerk 28 Spalten gewidmet sind, bestätigt dessen hohe Bedeutung in der Volkskultur: »Kein Tag in der Woche weist eine solche Fülle Aberglaubens auf wie der Freitag.« In der Volksmedizin war er der wichtigste überhaupt. Sonntag hingegen war Tag der Auferstehung und damit der Geburtstag des Christentums, der »Tag des Herrn«. Er war uneingeschränkter Glückstag – im Gegensatz zum Freitag, der auch als Unglückstag angesehen wurde. Sonntagskinder gelten schließlich bis heute als Glückskinder. Und so ist denkbar, dass Kinder, die an einem Sonntag geboren sind, nach diesem Glück bringenden Datum benannt wurden.

»(Tag) des Herrn« heißt übrigens auf lateinisch *dominicus*, auf griechisch *kyriakos* und hat auch solchermaßen schon frühzeitig in vielen Namen von *Cyriak* bis *Domingo* seine Spuren hinterlassen.

Und der Montag? Der spielte in Glauben und Aberglauben keine vergleichbare Rolle, und wenn, dann eher eine unheilvolle. Insofern könnte der Familienname *Montag* eher auf einen Termin zurückgehen, zu dem Zinsen oder andere Abgaben zu liefern waren (was auch für *Freitag* nicht völlig auszuschließen ist). Sonst bliebe zur Erklärung nur der »blaue Montag«, aber den hat die Namenforschung dafür bisher noch nicht in Betracht gezogen.

März, April und Mai im Namen

März UND *Merz*, *Mai*, *May*, *Mey*: IN DIESEN FAMILIENNAMEN ERKENNEN WIR DIE NAMEN DER MONATE MÄRZ UND MAI WIEDER. DAS KANN STIMMEN – ODER AUCH NICHT.

Warum benennt man jemanden nach einem Monat? Darüber sind sich die Namenforscher nicht völlig im Klaren. Solche »Zeitnamen« könnten auf Geburts- oder auf Zinstermine deuten – vielleicht auch auf Charaktereigenschaften, die mit einem Monat verbunden werden: Wir denken an die Launen des April, auf den die Familiennamen *Aprell, Aberell* oder *Avril* zurückgehen.

Die übrigen Monate tauchen als Familiennamen eher selten auf: *Jenner, July, Au(g)st.* In den baden-württembergischen Telefonbüchern findet sich gerade noch *Dezember.* Doch nach September, Oktober, November sucht man vergebens; nach Juni und Februar ebenso.

Allerdings hat der Februar auch einen deutschen Namen, nämlich »Hornung«. Und nachdem Karl der Große versucht hatte, deutsche Monatsnamen einzuführen, wurde der Januar auch »Hartung« genannt. *Hornung* und *Hartung* existieren ebenfalls als Familiennamen, wobei auch hier wieder gilt, dass sie ebenso gut zurückgehen können auf Rufnamen, in denen die althochdeutschen Vokabeln *hart* (hart, streng) oder *horn* (Horn, Macht, Ende) stecken.

Die deutschen Monatsnamen haben sich nicht durchgesetzt. Was aber bedeuten die lateinischen? Die alten Römer kannten ursprünglich nur zehn Monate, die sie zum Teil durchnummerierten. Geblieben sind die Nummern Sieben (*septem*), Acht (*octo*), Neun (*novem*) und Zehn (*decem*), an die man nur ein -*ber* anhängen muss, um den entsprechenden Monatsnamen zu erhalten. Der sechste Monat Sextilis wurde anno 7 v. Chr. zu Ehren des Kaiser *Augustus* umbenannt, weil der in diesem Monat die meisten Siege errungen hatte. Der fünfte Monat Quintilis war vier Jahrzehnte zuvor dem Kalenderreformer *Julius* Caesar gewidmet worden.

Doch zurück zu den Familiennamen *März / Merz* und *Mai / May / Mey*: Der Monatsname März geht auf den Kriegsgott *Mars* zurück, der auch für die Naturkräfte stand, die im Frühjahr erwachten. Der Familienname *März* oder *Merz* kann aber auch in einem Rufnamen wurzeln, der mit *Mar-* oder *Mark-* beginnt. *Mar* konnte sowohl »Pferd« als auch »Meer« als auch »berühmt« bedeuten; *mark* war die Grenze.

Der Wonnemonat verdankt seinen Namen wohl der Göttin *Maia*, die für das Wachstum zuständig war und der man im Mai eine trächtige Sau opferte. Beim Familiennamen sind einzelne Fälle nicht auszuschließen, die mit dem »Maien« (Zweig) zu tun haben: Hieß ein Haus »Zum Maien«, konnte der Name auf den Besitzer übergehen.

Dass *April* von *aperire* (öffnen) komme und sich auf das Sich-Öffnen der Natur beziehe, ist umstritten. Eine der Vermutungen zielt auf die Liebesgöttin *Aphrodite* – was gut zur Launenhaftigkeit dieses Monats passen würde.

April, April: Säuferle und Lauser

NEHMEN WIR DEN 1. APRIL ZUM ANLASS, NAMEN ZU BETRACHTEN, DIE IN DIE IRRE LEITEN: BEI *Schnorrer, Schimpf* ODER *Säuferle* AN BETTLER, NÖRGLER ODER ALKOHOLIKER ZU DENKEN, LIEGT ZWAR NAHE, IST ABER FALSCH.

Ein Schnorrer oder Schnurrer war ursprünglich jemand, der die Schnurre spielte. Das war ein Instrument, das bei Straßenmusikanten beliebt war. Über die Bettelmusikanten erhielt der Begriff später seine heutige Bedeutung, aber das war, nachdem sich *Schnorr(er)* und *Schnurr(er)* schon längst als Familiennamen etabliert hatten.

Schnorren gilt heute als schimpflich. Dabei wollten die Ur-Schnorrer lediglich ein wenig »Schimpf« treiben, wie der »Spaß« im Mittelhochdeutschen noch hieß. Wenn sich damals jemand als Spaßvogel hervortat, konnte ihm das den völlig unschimpflich gemeinten Übernamen *Schimpf* einbringen.

Den Namen *Säuferle* mögen die einen für spaßig, die anderen für schimpflich halten, was daran liegt, dass ihm niemand mehr seinen heldenhaften Ursprung ansieht: Im Anfang stand kein Geringerer als *Siegfried*, dem alle möglichen Nachfahren entsprossen sind wie *Siefart, Seifart* oder *Seifert, Seifritz, Sievers, Ziefer, Seuffert* oder *Seifferlein*.

So, wie *Siegfried* zum *Säuferle* degenerierte, kam der Hauptmann auf den *Hund(t)*. Denn dieser Familienname kann zwar durchaus als Übername auf unsere vierbeinigen Freunde gezielt haben. Doch in erster Linie führen ihn die Namenforscher auf den althochdeutschen

Rufnamen *Hunto* zurück, der wiederum auf der Berufsbezeichnung des *hunteri* beruht. Das war der Hauptmann einer Hundertschaft.

Tatsächlich ins Tierreich verweist ein Familienname, den jedoch die meisten im rein zwischenmenschlichen Bereich ansiedeln: Der *Vögler*, der sich verständlicherweise lieber *Vogler* schreibt, war ein Vogelfänger oder Geflügelhändler. Der *Lauser* hingegen hat rein gar nichts zu tun mit jenen flügellosen Blutsaugern, derer man sich früher durch gegenseitiges Lausen entledigte. Vielmehr handelt es sich dabei um die schwäbische Form von *Lasser*, womit der Aderlasser gemeint war. Dessen Kollege war der *Köpfer*, der seinen Dienst keineswegs auf dem Schafott verrichtete, sondern in der Baderstube, wo er mit Schröpfköpfen hantierte. Ein echter Scharfrichter war dagegen der so freundlich klingende *Freimann*.

Um mit den Heilberufen fortzufahren: Der *Heiler* war kein Arzt, sondern der Mann, der die Eber mit dem Messer *heilte*, wie »kastrieren« auf deutsch genannt wurde. Den Eber nennt man in Bayern noch heute »Saubär«, und dem nahm der *Bär-, Bern-* oder *Beerschneider* beziehungsweise *-stecher* seine Wildheit. Wenn weibliche Schweine verschnitten wurden, nannte man sie »Nonnen«, und das erledigte der *Nonnenmacher*.

Wer seinen Eber aber komplett ließ und als solchen einsetzte, war ein *Bär-*, *Beer-* oder *Bierhalter* – und hatte daher mit Alkohol so viel oder wenig zu tun wie der *Säuferle*.

Veronika, der Lenz ist da!

WO BLEIBT DER *Frühling*? SO MÖCHTE MAN RUFEN BEIM BLICK INS TELEFON- UND ADRESSBUCH, WO ES KEINEN MANGEL HAT AN *Winter, Sommer* UND *Herbst.*

Wenn von den vier Jahreszeiten der *Winter* sich am häufigsten als Familienname findet, scheint das beim hiesigen Klima geradezu natürlich. Doch der *Sommer* ist auch nicht viel schlechter vertreten. Seltener ist *Herbst*; eine Rarität hingegen ist der Familienname *Frühling*. Und wenn man den genauer betrachtet, hat er mit der gleichnamigen Jahreszeit vermutlich gar nichts zu tun.

Vielmehr hat man als »Frühling« auch bezeichnet, was heute »Frühchen« genannt wird: ein zu früh geborenes Kind. Der Name kann auch vom *vrilinc*, dem Freigelassenen, stammen. Oder er könnte ebenso wie der *Fridolin* auf einen Personennamen *Fridilo* zurückgehen.

Damit gäbe es unter den Familiennamen keinen *Frühling* im jahreszeitlichen Sinne. Warum? Mit dem Wetter dürfte diese Merkwürdigkeit nichts zu tun haben. Eher mit der Tatsache, dass »Frühling« ebenso wie »Frühjahr« eine relativ junge Saison-Bezeichnung ist, die sich – im Gegensatz zu ihrem Altersgenossen, dem wieder in Vergessenheit geratenen »Spätling« (Herbst) – bis heute gehalten hat.

Aus Lied und Literatur wissen wir, wie der Frühling früher geheißen hat: »Veronika, der Lenz ist da!« Und siehe da: Als Familienname lässt der *Lenz* uns zweieinhalbmal so häufig grüßen wie der *Herbst.* Allerdings muss gleich wieder eingeschränkt werden, dass *Lenz*, wie Freunde bayerischer Folklore wissen, auch ein Rufname ist, nämlich

die Kurzform von *Lorenz*. In dieser Eigenschaft dürfte *Lenz* häufiger zum Familiennamen geworden sein als in seinem frühlingshaften Sinne.

Wenn sowohl *Frühling* wie auch *Lenz* so unsicherer Abstammung sind: Wie sicher sind denn dann noch *Sommer, Winter* und *Herbst*?

Am unzweideutigsten ist der *Herbst*, der dem englischen Wort *harvest* entspricht und mithin »Ernte« oder »Weinlese« bedeutet. Die Frage ist hier allenfalls, ob sich der Name auf den Vorgang der Ernte oder auf ihren Zeitpunkt, die Jahreszeit, bezieht.

Beim *Sommer*, schwäbisch: *Sohmer*, könnte unter Umständen noch der mittelhochdeutsche *sumber* in Betracht kommen, der mehrere Bedeutungen hatte (Korb, Getreidemaß, Trommel oder Pauke). Und der *Winter* könnte auch einen Urahnen gehabt haben, der *Winither* hieß und mehr mit *Winfried* zu tun hat denn mit Schnee und Eis.

Doch unabhängig von diesen »Konkurrenzen« ist davon auszugehen, dass ein erheblicher, wenn nicht der größte Teil der Familiennamen *Sommer, Winter, Herbst* und *Lenz* tatsächlich auf die vier Jahreszeiten zurückgeht. Warum aber nannte man jemanden so?

In den genannten Fällen ist das nicht so recht klar. Ein *Herbst* konnte im Herbst geboren sein, vielleicht aber musste er im Herbst seinen Zins abliefern. Die sympathischste Lösung: Er war Winzer.

Alles dreht sich um das Fass

Fastnacht UND *Fasching* GIBT ES NICHT NUR ALS JÄHRLICH WIEDERKEHRENDE MASSENBEWEGUNG, SONDERN AUCH ALS FAMILIENNAMEN. DASS ES UNTER DIESEN MEHR *Faßnacht* ALS *Fastnacht* GIBT, HAT GUTE GRÜNDE.

Unter den Familiennamen ist die Schreibweise *Faßnacht* oder *Fassnacht* häufiger als *Fastnacht*. Das liegt zunächst einmal daran, dass sie ganz allgemein die verbreitetere war. Wenn im späten Mittelalter und der frühen Neuzeit um den Sonntag Estomihi die öffentliche Ordnung aus dem Ruder zu laufen drohte, erließen die Obrigkeiten allerlei Erlasse wider das wilde Treiben zur Faßnacht mit *ß*.

Faßnacht oder *Fastnacht*? Um diese Frage ist in der Fastnachtsforschung geradezu ein Glaubenskrieg entbrannt. Die eine Richtung, die jenes Narrentreiben als eine Erfindung der katholischen Kirche zum Zwecke der erhöhten Bußfertigkeit in der anschließenden Fastenzeit erachtet, geht – wohl zurecht – davon aus, dass der erste Teil des Wortes von *Fasten* kommt.

Bevor diese Richtung an Einfluss in der Volkskunde gewonnen hatte, war es in diesem Fach Sitte, alles Brauchtum auf irgendwelche heidnischen Fruchtbarkeitsrituale zurückzuführen. Und so wurde der erste Teil der *Fasenacht* nicht einfach nur auf *faseln* (Unsinn reden) zurückgeführt, sondern auf eine Wortwurzel *fas* in der Grundbedeutung von »fruchtbar werden, gedeihen«, die auch in dem Wort *Faselsau* (Zuchtsau) erhalten ist.

Näher lag da schon die bereits im 17. Jahrhundert angestellte Überlegung, ob *Faßnacht* nicht direkt vom *Fass* abzuleiten sei, »dieweil darinnen [in der Fastnacht] die Wein- und Bierfässer gestürmet und geleeret« würden. Diese Überlegung hat sich in neuerer Zeit auch der Volkskundler Hans Moser zu Eigen gemacht, nachdem er zum Vergleich das Wort *Fasching* beziehungsweise das ältere *Faschang* herangezogen hatte.

Auch dieses lässt sich fromm oder trivial deuten, nämlich als »Ausschenken des Fastentrunks« oder ganz einfach als »Fass-Schank«. Moser bevorzugt die zweite Version und beruft sich dabei auf den Personennamen *Vaschang*, da der älter sei als die ältesten Schriftzeugnisse über die Fastnacht und den Fasching. *Vaschang*, so glaubt Moser, war eine Bezeichnung für den (Fass-)Schankwirt.

Das Ausschenken aber, so weist Moser nach, kennzeichnete jene Tage um den Aschermittwoch, die ein zentraler Termin zur Zinsabgabe waren – und damit auch zur Bewirtung der Zinspflichtigen. Und dass gerade die Küfer, welche die Fässer herstellten, ihre Zunftbräuche mit Vorliebe zur Fastnachtszeit übten, war Moser ein weiteres Indiz dafür, dass sich in *Faßnacht* und *Fasching* alles um das Fass dreht.

Neben der von Moser angebotenen Interpretation für *Faschang/ -ing* als »Schankwirt« gibt es noch eine weitere: Auch Zinstermine konnten sich in Familiennamen verwandeln. Wer an Pfingsten zahlen musste, hieß *Pfingstner*. Und entsprechend lässt sich der Name *Faßnacht* erklären.

Palm, Palmer, am Palmsten

Wenn hier zu Lande jemand *Birnbaum*, *Fichte* oder *Linde* heisst, wundert dies niemanden. Wie aber kommt man in unseren eher unwirtlichen Breiten zum Namen *Palm*, *Palme* oder *Palmer*?

Wer einmal den Versuch macht, aus den Telefonbüchern des Landes alle Namen zusammenzustellen, die *Palm-* enthalten, wird sein blaues Wunder erleben und feststellen, dass dies ein unglaublich variantenreicher Name ist, und zwar auf internationaler Ebene: Es gibt davon ziemlich genau 50 Versionen:
Palmer, Palm, Palme, Palmieri, Palma, Palmowski, Palmtag, Palmbach, Palmen, Palmisano, Di Palma, Palmeri, Palmert, Palminteri, De Palma, Palmitesta, Palmas, Palmi, Palmisciano, Palmai, Palmano, Palmerio, Palmers, Palmiero, Palmioli, Palmiro, Palmizi, Da Palma, Di Palmo, Palmberg, Palmido, Palmeiro, Pälmer, Palmera, Palmes, Palmertshofer, Palmhart, Palmié, Palmier, Palmiere, Palmigiano, Palmotti, Palmira, Palmosi, Palmquist und *Palmscher*. Dabei sind noch nicht mitgezählt die *Balm, Balme, Balmer und Bal(l)mert.*
Der internationalen Dimension halber sei einmal ein ausländisches Nachschlagewerk zu Rate gezogen, etwa das in Mexiko erschienene vergleichende etymologische Wörterbuch der spanischen, hispanoamerikanischen und philippinischen Nachnamen. Dort wird der Name *Palma* naheliegenderweise vom identischen lateinischen Wort abgeleitet, das ursprünglich »flache Hand« bedeutet hatte und dann auf jene Wärme liebende Baumart übertragen wurde.

Unter *Palmero* aber steht, dass dies vom lateinischen *palmarius* kommt. So wurden die Pilger bezeichnet, die aus dem Heiligen Land Palmzweige mitbrachten. Davon werden die Namen *Palmeiro, Palmier, Palmada, Paumier* und auch *Palm, Palme* und *Palmer* abgeleitet, wobei Letztgenannter nicht nur im Deutschen, sondern auch im Katalanischen vorkommt.
Das ist keineswegs die einzige Erklärung für diesen Namen. Vielmehr ist dieser Palmen-Pilger in diversen deutschen Namenlexika gar nicht erwähnt. Ein Zusammenhang mit dem christlichen Palmenbrauch ist hier nur vage angedeutet, etwa beim Namen *Palmtag*, einer Kurzform von Palmsonntag.
Stattdessen liest man hier, dass *Palm* eine Kurzform des Heiligennamen *Palmatius* ist. Und dann kommen die »germanischen« Varianten: *Palm(e)(r)* mit *P* oder *B* kann auch eine Kurzform des Rufnamens *Baldomar* sein, in dem das althochdeutsche Adjektiv *bald* (kühn) steckt, das im Englischen noch heute *bold* heißt.
Dann gab es im Mittelhochdeutschen das Wort *balme* (überhängender Fels). Es gilt ebenfalls als möglicher Ursprung für *Palm(e)(r)* etc., einigermaßen sicher aber für Komposita wie *Palmberg* und *Palmbach*, die somit zu den Wohnstättennamen gehören.

Aurora und der Osterhammer

AM *Ostertag* GEHT DER *Ostermann* MIT DEM *Österle* IN DEN *Osterwald*. DORT FINDET ER EINEN ROSTIGEN *Osterhammer*, DEN DER *Osterbauer* NACH FÜNF *Osterkorn* DORT VERLOREN HAT.

Unter den Familiennamen in Baden-Württemberg gibt es an die acht Dutzend, die mit *Oster-* oder *Öster-* beginnen. Doch mit Ostern haben die wenigsten davon zu tun. So sucht man unter ihnen auch vergeblich nach den Namen Osterhas oder Osterlamm.

Hingegen gehen alle Arten von Landschaften harmonische Verbindungen mit *Oster-* oder *Öster-* ein, von *Osterberg* über *Osterfeld, -holz, -moor, -ried* bis hin zum verallgemeinernden *Osterland*. Auch Dorfbewohner finden wir in derartigen Koalitionen, vom *Osterbauer* über den *Osterhuber* bis zum *Ostermayer*. Alle diese *Oster-*Namen haben allerdings null und nichts mit dem Osterfest zu schaffen. Sie weisen vielmehr in die östliche Himmelsrichtung. Die fand Eingang in Flur- oder Ortsnamen, um Flurstücke oder Dörfer zu unterscheiden, etwa ein östliches Osterheim vom westlichen Westerheim – Orte also, die in Bayern auch Osterham und in England Westham heißen können. Somit entpuppt sich der *Osterhammer* als Einwohner von Osterham.

Wer aus dem Osten kam, hieß einfach *Ost* oder *Oster, Ost(er)mann, Osterling* oder *Österling*. Der östlich wohnende Bauer, Maier, Huber oder Lehner bekam die ihn kennzeichnende Himmelsrichtung als Identifikationsmerkmal vor den Namen gesetzt.

Ein wenig anders sieht es mit dem *Österle* aus. Dieser Familienname dürfte von einem Vornamen rühren, für den mehrere Personennamen in Frage kommen, etwa der *Austrulf* – kurz: *Austro*. Das germanische *Aust-*, das den ersten Teil dieses Namens bildet und das sich zu *Ost-* weiterentwickelte, hängt zusammen mit einem indogermanischen *ausos* (Morgenröte), das sich zur *Aurora* respektive bei den Griechen zur rosenfingrigen *Eos* (ohne *r*!) mauserte. Und die erhebt sich bekanntlich im Osten. Insofern hat auch der *Austrulf* etwas mit dem Osten zu tun.

Österle kann aber auch von *Ostertag* kommen, und damit haben wir endlich einen Namen, der eindeutig auf Ostern zielt: Der Namenforscher Josef Karlmann Brechenmacher berichtet, dass Friedrich von Zollern, der um 1300 gelebt hat, *Ostertag* genannt wurde, nach dem »glückhaften Tag der Geburt«. Da »Ostern« auf lateinisch *pascha* bedeutet – von hebräisch *pesach* –, heißt der an Ostern Geborene *paschalis* und seine romanischen Nachfahren *Pasquale, Pascal, Pasquet* etc. etc.

Letztlich sind der östliche *Ostermann* und der österliche *Ostertag* doch weitläufig verwandt, denn Ostern und Osten hängen, wie oben angedeutet, zusammen – man weiß nur nicht so recht, wie. Eine angebliche germanische Frühlingsgöttin *Ostara*, von der man Ostern früher gerne herleitete, fällt als Erklärung flach: Sie gilt inzwischen als Erfindung des 19. Jahrhunderts.

Pfingstliches im Namensschild

Pfingsten, DAS LIEBLICHE FEST, HAT NICHT NUR GOETHE INSPIRIERT, SEINEN »REINEKE FUCHS« DAMIT EINZULEITEN. ES FINDET SICH AUCH – WENNGLEICH NICHT SEHR HÄUFIG – AUF MANCHEM NAMENSSCHILD.

Es gibt Leute, die heißen ganz einfach *Pfingsten*. Andere, mit Pfingsten verbundene Namen, die in den Telefonbüchern Baden-Württembergs zu finden sind, lauten *Pfingst, Pfingstag, Pfingstler, Pfingstl, Pfingstgräf, Pfingstberg* und *Pfingstweid*. Darüber hinaus gibt es noch *Pfingsthorn* und *Pfingstmann*.

Auch wenn Pfingsten der gemeinsame Nenner all dieser Namen ist, gehören sie doch zu verschiedenen Namentypen, die wiederum mit der Mehrfach-Funktion dieses Festes zusammenhängen. Zum einen war es ein Fälligkeitsdatum, zu dem bestimmte Abgaben zu entrichten waren. Wer davon betroffen war, konnte den Namen *Pfingst, P(f)ingsten* oder *Pfingstner* davontragen.

Das war die eher unangenehme Seite von Pfingsten, das Goethe im Übrigen vollkommen zu Recht als »liebliches Fest« bezeichnet hat, schon allein der klimatischen Bedingungen wegen. Die Pfingstbräuche, die vorwiegend weltlichen Charakter hatten, füllen viele Seiten volkskundlicher Nachschlagewerke.

Damit kommen wir zur zweiten Sorte der pfingstlichen Familiennamen. Ihnen liegt ein Pfingstbrauch zu Grunde. So war es üblich, irgendwelche Pfingstgestalten aus Stroh oder aus Fleisch und Blut in Prozessionen umzuführen und anschließend symbolisch zu vernichten. Diese Gestalten hatten je nach Region unterschiedliche Namen, etwa *Pfingstbutz* oder *Pfingstlümmel*, die als Übernamen zu Familiennamen werden konnten. In diesen Zusammenhang dürften *Pfingstl* und wohl auch *Pfingstmann* gehören.

Der heute ausgestorbene Übername *Pfingstochs* erinnerte an den Brauch, zu Pfingsten das Vieh hinter dem geschmückten Leitochsen auf die *Pfingstweide* zu treiben, die für diesen Zweck bis Pfingsten nicht genutzt wurde.

Neben der *Pfingstweide* gab es den *Pfingstberg* oder das *Pfingsthorn*, wobei sich hier nicht das Vieh, sondern die Dorfjugend tummelte und Spiele oder Wettkämpfe veranstaltete. Der Sieger erhielt den Titel *Pfingstgra(e)f*, der auch als Familienname weiterlebt. Wer aber am *Pfingstberg, Pfingstanger* oder an der *Pfingstweide* wohnte, konnte mit diesem »Wohnstättennamen« bezeichnet werden.

Das Wort *Pfingsten* geht zurück auf griechisch *pentekostä*, bedeutet »fünfzigste« und kennzeichnet den 50. Tag nach Ostern. Auch der 40. Tag nach Ostern, Himmelfahrt, ist als Familiennamen erhalten, nämlich in *Auffarth* und eventuell *Ufert*. So wurde das Himmelfahrtsfest nämlich noch zu Luthers Zeiten genannt.

Diese Auffahrt wurde im Gottesdienst szenisch umgesetzt: Ein hölzerner Christus wurde am Strick nach oben gezogen. Das Loch, in dem er verschwand, ist noch heute in vielen Kirchendecken zu sehen.

IN- UND AUSLÄNDER

Nicht alle heißen Hägele

»MIR HOISSAT ALLE *Hägele*« LAUTET DER REFRAIN EINES SCHLAGERS, DER DIE GÄNGIGEN VORSTELLUNGEN ÜBER EIGENSCHAFTEN UND NAMEN DER SCHWABEN POINTIERT ZUSAMMENFASST.

Von wegen *Hägele*: Man kann ziemlich lange suchen, bevor man in der nach Häufigkeit geordneten Liste der baden-württembergischen Familiennamen auf *Hägele* stößt. Davor stehen noch über 200 andere Namen. Dass *Hägele* dennoch als landestypisch gilt, liegt nicht nur am breiten *ä*, sondern eher daran, dass sich dieser schwäbische Urlaut mit der schwäbischen Verkleinerungsform *-le* paart.
Doch welches ist der häufigste *-le*-Name? Die Liste verrät: Es ist *Eisele*. Auch hierin erklingt ein wunderschöner, noch typischerer schwäbischer Urlaut, das *ei*. Wenn die Schlagertext-Dichter dennoch lieber *Hägele* gewählt haben, dann vielleicht deswegen, weil sich darauf das »Jahreswägele« reimen lässt, während einem für *Eisele* so schnell nichts Vernünftiges einfällt.
Ob sich *Eisele* unter den 100 häufigsten Namen des Landes befindet, hängt davon ab, ob man Varianten wie *Maier*, *Mayer* etc. als einen Namen zählt. Tut man das nicht, kommt *Eisele* auf Platz 115. Betrachten wir nun die 25 häufigsten Namen auf *-le*. Auf *Eisele* folgen *Eberle, Merkle, Bäuerle, Hägele, Bürkle, Abele, Wehrle, Stehle, Nägele, Schätzle, Jehle, Dieterle, Epple, Häberle, Kienzle, Schüle, Schaible, Vögele, Kühnle, Wöhrle, Häfele, Karle, Bächle* und *Rühle*.
Man hänselt die Schwaben gerne mit der Unterstellung, überall ein *-le* anzuhängen. Dieser Vorwurf ist völlig ungerechtfertigt angesichts all

der *Schmid(e)l, Schmittchen, Schmidtke(n), Schmiding* oder *Schmidlin*, die nichts anderes sind als regionaltypisch verkleinerte Namensvettern des *Schmidle.*

Das lässt sich auch international ausdehnen: Das *-le* von *Enderle,* dem »kleinen *Andreas*«, findet seine Entsprechung im *-otti* von italienisch *Andreotti*, im *-akis* vom griechischen *Andreadakis*, im *-ek* vom tschechischen *Andraschek.*

Eisele ist bekanntlich die Verkleinerungsform von Eisen. Aber warum heißt man so? Es gibt verschiedene Möglichkeiten: Manchmal stand das Material für den Beruf, dann hätte man mit dem liebevoll verkleinerten *Eisele* einen Schmied oder einen Eisenhändler bezeichnet. Oder es kommt vom alten Rufnamen *Eisenhart* oder *Eisenbrecht.*

Und *Hägele*? Hier könnte ein grimmer *Hagen* zum *Hägele* geschrumpft sein. Dann wäre da noch der Zuchtstier, schwäbisch »Häge«. Da aber Zuchtstier oder Zuchtstierle kein Beruf für einen rechtschaffenen Schwaben ist, wird wohl der Stier-Halter *Hägele* genannt worden sein. Möglich ist aber auch noch eine harmlosere Variante: »der am Hag (Hecke, Zaun) wohnt«.

Au, au, au: Typisch schwäbisch

FRAGT MAN DEN FREIBURGER NAMENKUNDLER PROFESSOR KONRAD KUNZE NACH »TYPISCH SCHWÄBISCHEN« FAMILIENNAMEN, ANTWORTET ER SPONTAN: »*Jauch*, *Jaus* UND *Sauter*«.

Was haben *Jauch*, *Jaus* und *Sauter* gemeinsam? Natürlich das *au*, welches zu den verräterischen Urlauten gehört, an denen man Schwaben selbst dann noch erkennen kann, wenn sie einen Leistungskurs in Bühnendeutsch durchlitten haben. Ansonsten sind diese Namen absolut unterschiedlicher Herkunft, die im Übrigen nicht schwäbisch ist, sondern im Falle von *Jaus* keltisch und im Falle von *Sauter* lateinisch.
Beginnen wir mit *Sauter*, da dies der häufigste von den dreien und überdies einer der hundert häufigsten Namen im Lande ist. Er kommt vom lateinischen Wort *sutor*, das eigentlich »(Schuh-)Näher«, also »Schuster« heißt, wobei der *sutor* sogar im Wort (und Namen) *Schuster* steckt. Denn nachdem das lateinische Wort ins Oberdeutsche

übernommen und in *suter* verwandelt worden war – daher die Namen *Sutter* und *Sütterlin* –, kam zur Verdeutlichung der »Schuh« davor. So entstand der mittelhochdeutsche *schuochsuter* – kürzer: *Schuster*.
Als dann im ausgehenden Mittelalter im Schwäbischen das »Hus« zum »Haus« wurde, geriet entsprechend der *Sut(t)er* zum *Saut(t)er*. Ebenso wurde das mittelhochdeutsche *juch* mit langem *u* – heute heißt es »Joch« – im Schwäbischen zu *Jauch*, womit dieser ehrwürdige Familienname vom Geruch befreit ist, etwas mit Jauche zu tun zu haben. Die ist von slawisch *jucha* (Brühe, Suppe) entlehnt. *Jauch* kommt also vom Joch, in das man die Ochsen spannte, und bezeichnete ein Flächenmaß. Ein Joch war so viel Land, wie man an einem Tag mit einem Joch – einem Paar Rinder also – pflügen konnte: ein Tagwerk.
Jauch konnte, wie das gleichbedeutende Flächenmaß »Jauchert«, der Name einer Örtlichkeit sein, die auf den Bewohner überging, oder der Übername für einen Bauern, vergleichbar dem Bauern-Übernamen *Siebenmorgen*.
Doch nicht nur das lange *u* wurde im Schwäbischen zum *au*, sondern auch das lange *o*. Das steckt im Namen *Jaus* (mit *-s*, *-ss* oder *-ß*). Der wiederum hat nichts zu tun mit dem österreichischen Imbiss. Die »Jause« nämlich leitet sich vom slowenischen Mittagessen *juzina* her, das etymologisch mit *Jugoslawien* (Süd-Slawien) verwandt ist: In beiden steckt *jug* (Süden, Mittag). Der Familienname *Jaus* aber entspricht *Joos*, *Jost* oder *Jößle*. Alle stammen sie ab vom heiligen *Jodokus* (um 620 bis um 668), dessen Name keltischen Ursprungs ist und »Kämpfer« bedeutet.
Warum gehörte der Bretone Jodok auch in Deutschland zu den meistverehrten Heiligen? Er war nach Jakob dem Älteren der bedeutendste Pilgerpatron. In seine Zuständigkeit fielen auch die Siechenhäuser, die gute Ernte sowie die Abwehr von Fieber und Pest – viele gute Gründe also, populär zu sein.

Die Bayers in Württemberg

VOM LANDE DER SCHWABEN ERWARTEN MANCHE, DASS JEDER ZWEITE BEWOHNER *Schwab* ODER BESSER: *Schwäble* HEISST. STATTDESSEN GIBT ES HIER FAST SO VIELE *Bayer* WIE *Mayer*.

Um die Erwartung an ein gehäuftes Auftreten von *Schwäble* gleich im Keim zu ersticken: Es gibt, den baden-württembergischen Telefonbüchern zufolge, deren gerade mal fünf Dutzend im Lande. Und die *Schwab*, mit einem oder zwei *a* und mit oder ohne *e* am Ende bringen es nicht einmal auf dreitausend.
Hingegen wimmelt es von Menschen namens *Bayer*, *Baier*, *Beyer*, *Beier* etc. Von diesem, dem Stamme der Bajuwaren entsprossenen Familiennamen, sind 14 verschiedene Schreibweisen, davon 6 mit *P*, festzustellen – 4 mehr als bei *Maier* & Co. Zusammengezählt bringen es die diversen *Bayer* auf fast sechseinhalbtausend und stehen auf Platz 24 der häufigsten Namen im Lande.
Im Grunde ist es ja auch vollkommen logisch, dass unter den Schwaben mehr Leute leben, die *Bayer* heißen, als Leute namens *Schwab*. Denn Namen sind unter anderem aus Bezeichnungen entstanden, die eine Besonderheit kennzeichneten. Und ein Schwabe in Schwaben ist weniger besonders als ein Bayer in Schwaben.
Sowohl *Bayer* wie *Schwab* gehören zu den »Herkunftsnamen«, Unterabteilung »Stammesnamen«. Und es sieht ganz so aus, als ob die näher gelegenen Stämme sich häufiger in den Familiennamen niedergeschlagen haben. Denn nur knapp hinter den *Bayer* liegen die *Frank* oder *Franke* mit und ohne *ck*. Diesen allerdings kann auch der Rufna-

me *Frank* zu Grunde liegen; es läge also ein zum Familienname gewordener Rufname vor, vergleichbar den Familiennamen *Friedrich* oder *Konrad.* Das ist im Übrigen auch bei anderen Stammesnamen nicht auszuschließen.

Frank(e) gibt es etwa gleich viele wie *Schwab(e)*. Es folgen naheliegenderweise die *Schwei(t)zer*, dann die *Heß / Hesse / Höß / Höss* und schließlich die *Böhm(e) / Behm / Beheim*, womit die Bewohner Böhmens gemeint waren. Die *Böhmer* pauschal hinzuzuzählen, wäre hingegen problematisch, denn ein Großteil von ihnen hat die Grenzen nicht überschritten, sondern bewacht: Selbst wenn mancher *Böhmer* aus Böhmen stammen mag, ist der Name häufig vom Baum im Sinne von »Schlagbaum« abzuleiten: Der *Böhmer* oder *Bäumer* war der Schrankenwärter.

Mit der Entfernung der namengebenden Stämme sinkt die Zahl der entsprechenden Familiennamen. Die *Sachs(e)* bringen es zusammen mit ihrer Variante *Sass(e)* auf knapp tausend, wobei *Sass(e)* auch von »sitzen« abgeleitet sein kann, wie wir es vom Wort »Insasse« kennen. Die Thüringer sind mit *Döring, Dühring* etc. zwar prominent, aber weniger zahlreich vertreten als die Friesen, nach denen neben den *Fries(s)* auch die *Frese* und *Vrese* benannt sind. *Fries(e)* kann aber auch von mittelhochdeutsch *vriese* (Damm- und Schlammarbeiter) kommen, was die höhere Häufigkeit dieses Namens im Süden erklären könnte.

Die früheren Fremdlinge

Der Zuzug und die Integration von Fremden ist beileibe nichts Neues. Davon kündet eine Reihe von typisch deutschen Familiennamen.

Wahl, Wünsch, Wend, Unger: Alles Ausländer im Grunde ihres Namens. Bei *Wahl(en)* denkt man unwillkürlich an die Vor-, Durch- oder Bundestagswahl. Doch wäre es angebrachter, sich an die Walnuss zu erinnern, denn in ihr steckt derselbe Kern wie in den Familiennamen *Wahl, Wahlen, Wahlmann, Walich, Walch, Walcher, Wallich, Wehl, Wehling, Welch* oder *Welsch.*

Beim letztgenannten Namen fällt uns unwillkürlich, aber aus gutem Grund, das »Kauderwelsch« oder »Rotwelsch« ein. »Rotwelsch« ist die Sprache der Gauner. Das Wort ist gebildet aus der rotwelschen Vokabel *rot* (Bettler) und *welsch*, das man ganz einfach als »ausländisch« übersetzen könnte. Im »Kauderwelsch« steckt möglicherweise der *Kauderer.* Das war der Flachs- oder Garnhändler, der seinerseits zum Familiennamen geworden ist. »Kauderwelsch« wäre demnach eine unverständliche Händlersprache.

Das Adjektiv *welsch* bezeichnete seit dem 8. Jahrhundert das Romanische, etwa die welsche Nuss, die heutzutage Walnuss heißt. *Welsch* soll zurückgehen auf einen gallischen Stamm, den Caesar als *Volcae* bezeichnet hat und der den Germanen benachbart war. Somit waren die Volcer aus germanischer Sicht Ausländer. Das althochdeutsche *walah*, mittelhochdeutsch *wal(hi)sch* zielte auf beziehungsweise gegen die Romanen: Es hatte einen negativen Beigeschmack.

Die eingangs erwähnten Familiennamen können nun unmittelbar auf einen Italiener, Franzosen oder einen sonstigen »Welschen« zurückgehen. Sie können aber auch aus einem Rufnamen entstanden sein, etwa *Walcher* aus *Walaheri* oder *Wahl* aus *Walh(o)*. Doch wenn wir diese Namen weiter zurückführen, landen wir erneut bei den Welschen, die übrigens auch namengebend waren für die in Rumänien gelegene Walachei, nach der der Wallach benannt ist, der Hengst, dem wichtige Organe entfernt wurden.

Wenn die Welschen die westlichen und südlichen Ausländer waren, dann stand der *Wende* für den östlichen, für den Slawen. Noch heute heißen die Sorben, die in Sachsen und Brandenburg lebende slawische Minderheit, »Wenden«. Ihnen verdanken wir nicht nur den Windhund, sondern auch Familiennamen wie *Wend(e), Wind(e)(l), Windisch(er), Windischmann, Wünsch(e)(r), Wünschmann, Wendisch* oder *Wendland(t)*. Hingegen sind *Wendel* und *Wendelin* mit den Wandalen verwandt.

Von weit her kam auch der *Unger, Ungerer, Ungermann* oder *Ungar.* Dieser Volksname wurde auffallend häufig als Übername verwendet und geriet dementsprechend häufig zum Familiennamen. Doch nicht nur der echte *Ungar* wurde so bezeichnet, sondern auch, wer in Ungarn gekämpft hatte oder wer irgendwie fremdartig wirkte.

Schließlich wurde der Begriff auch als Schimpfwort gebraucht. Doch das ist heute längst vergessen.

Türk und Öztürk

Neben den alten, vertrauten deutschen Familiennamen *Türk* ist in den vergangenen Jahren der Name *Öztürk* getreten. Und dahinter, das merkt man irgendwie, steckt meist ein echter Türke.

Was ist der Unterschied zwischen *Türk* und *Öztürk*? Das *Öz* natürlich. Es weist den Träger jenes Namens als türkischer Herkunft aus, denn *Türk* ohne *Öz* ist nicht nur ein türkischer, sondern auch ein verbreiteter deutscher Familienname.

Der rührt in den meisten Fällen von einem Übernamen. Dieser konnte ebenso dem Teilnehmer an einem Feldzug gegen die Türken gelten wie auch einem echten Türken, der etwa als Gefangener hierher gekommen war. Da »der Türke« als der Heide schlechthin galt, wurde *Türk* auch als Schimpf- oder als Hundename verwendet.

Die im späten Mittelalter verbreitete Figur des zotteligen »wilden Mannes« war ein beliebter Häusername, etwa wenn ein solcher auf ein Haus gemalt war. Bisweilen wurde dieser Häusername geändert in ein kürzeres »Zum Türken«, und dieser neue Name konnte auf die Bewohner übergehen. Ferner kann *Türk* auch auf den Ortsnamen Türkheim zurückgehen, in dem nicht die Türken, sondern die Thüringer stecken. Ebenso kann *Türk* – wie *Dirk* – aus deutschen Namen wie *Dietrich* entstanden sein.

Deutsche Variationen von *Türk* sind *Türck, Turgg, Turk, Dürk* oder *Turek*. Doch auch die Türken haben ihren Stammesnamen variiert. Das heißt, neben dem türkischen Familiennamen *Türk* gibt es den wohl häufigeren *Öztürk*, wobei auffällt, dass sehr viele türkische Familiennamen dieses *Öz* enthalten wie etwa der des schwäbischen Bundestagsabgeordneten *Özdemir*. *Öz* bezeichnet das Wesen, den Kern. *Öztürk* heißt somit »echter Türke«, und da *demir* »Eisen« bedeutet, ist *Özdemir* »echt Eisen«.

Im Gegensatz zu den deutschen Familiennamen, deren Bedeutung in den meisten Fällen nicht mehr klar ist, sind die türkischen sehr transparent. Es gibt sie nämlich erst, seit Mustafa Kemal, der Gründer der türkischen Republik, am 28. Juni 1934 die Annahme von Familiennamen zur Pflicht machte. Er erhielt bei dieser Gelegenheit den Ehrennamen *Atatürk*. Das heißt »Türkenvater«.

Da damals alle Staatsbürger der Türkei türkische Familiennamen annehmen mussten, galt dies auch für die Kurden, die eine gänzlich andere, eine indoeuropäische Sprache sprechen. Das erklärt, warum ein Kurdenführer den türkischen Namen *Öcalan* führt, was übrigens mit »der Rache nimmt« zu übersetzen ist.

Die gebräuchlichsten Vokabeln in türkischen Familiennamen sind *arslan* (Löwe), *demir* (Eisen), *ay* (Mond), *gün* (Tag), *kann* (Blut), *kaya* (Fels), *aydin* (hell), a*k* (weiß), *kara* (schwarz), *yilmaz* (furchtlos), *er* (Mann). *Akkaya* heißt somit »weißer Fels« und *Ertürk* bedeutet »Mann, Türke«. *Türkmen* hingegen ist keineswegs der »Türkischmann«, sondern erinnert an den mongolischen Stamm der Turkmenen.

Niemetz, Deutsch und Dödel

Deutsch BEDEUTET AUF AUSLÄNDISCH *Alemann* ODER *Niemetz*. UND DIE VETTERN VON *Deutschmann* ODER *Dutschke* KÖNNEN *Dödel* ODER *Duden* HEISSEN.

Ebenso, wie Fremde in Deutschland nach ihrer Herkunft benannt wurden, blieb auch Deutschen, die in die Fremde zogen, ihr Ursprung als Familiennamen anhaften. So entstand im Westen der *Alemann, Lallemand* oder *Dallemagne*, in dem wir unschwer die Alemannen wiedererkennen, und im Osten der *Niemetz, Niemz, Nimts, Nemetz, Nemec, Nemes* oder *Nimpsch*. Karl-May-Lesern fällt dabei auch noch Kara ben *Nemsi*, »Karl, der Deutschensohn«, ein, auch wenn »der Deutsche« auf Arabisch *al alman* heißt.
Dieser *njémez*, wie der Russe den Deutschen noch heute nennt, hat allerdings einen etwas merkwürdigen Ursprung. Das Wort bedeutet im Grunde »stumm«. Doch ist das nicht so zu verstehen, dass die so benannten Deutschen auf den Mund gefallen, sondern dass sie des Slawischen nicht mächtig waren.
Nun gibt es auch Leute, die *Deutsch, Deutscher, Deutschmann, Deutschländer, Dutschmann* oder *Tütschmann* heißen. Da ein Deutscher in Deutschland nichts Besonderes war, muss dieser Name irgendwo entstanden sein, wo deutsch zu sein ein Unterscheidungsmerkmal war und dennoch deutsch gesprochen wurde. Tatsächlich wurde dieser Name gerne in (Grenz-)Gebieten mit gemischter Bevölkerung vergeben, wie sie etwa heute noch in den neuen Bundesländern anzutreffen ist. Dort lebt die slawische Minderheit der Sor-

ben, denen wir den Familiennamen *Dutschke* verdanken, der nichts anderes meint als »der Deutsche«. Was aber bedeutet eigentlich *deutsch*? Im Althochdeutschen hieß es noch *diutisc*, und dieses Eigenschaftswort ist abgeleitet vom germanischen Wort *theudo*. Das war das »Volk« im Sinne von »Volksmasse«. *Diutisc* ist »zum Volk gehörig« und bezeichnete zunächst die Sprache, die ihre Sprecher von den Romanen und dem Latein sprechenden Klerus unterschied.

Das germanische *theudo*, das zum althochdeutschen *diot* oder *deot* wurde, ist identisch mit dem germanischen Namenglied *Diet-*, das ebenfalls »Volk« bedeutet. Damit wurden zahlreiche Rufnamen gebildet, die wiederum eine Unzahl von Kurzformen und Abarten gebaren, die zu Familiennamen wurden. Aus deren Legion ein paar Beispiele: *Dietbald* wurde zu *Diebold, Dietbert* zu *Tupper, Dietbrand* – kurz: *Tiebbo* – zu *Diepgen* oder *Deppe, Diether* zu *Dotter* oder *Töter, Dietmar* – kurz: *Thiemo* – zu *Diemler* oder *Temme, Dietrich* zu *Türk, Diedolf* zu *Dödel* oder *Duden, Teuzo* zu *Diesel* (wobei allerdings die meisten dieser Namen auch noch andere Wurzeln haben können). Zur Frage: Wie bezeichnen uns die Anderen?, ist auch der *Piefke* noch kurz zu erwähnen. Dieses österreichische Schimpfwort für die Deutschen zielte ursprünglich gegen die (Sau-)Preußen. Es kommt vom slawischen *pivo* (Bier) und geht auf eine Witzfigur des Berliner Satirikers Glassbrenner zurück.

Nowak, der Neumann

OB *Hanke* ODER *Janke, Kretschmar* ODER *Bednarz*: FAMILIENNAMEN, DIE AUS DEM SLAWISCHEN STAMMEN, SIND HIER ZU LANDE LÄNGST SO SELBSTVERSTÄNDLICH, DASS SIE ALS TYPISCH DEUTSCH GELTEN.

Unter den Familiennamen ausländischer Herkunft sind weitaus die meisten slawischen Ursprungs. In den Telefonbüchern des Landes sind sie mit *Nowak* unter den 350 häufigsten vertreten.
Man stelle sich vor: Diesen Namen gibt es in Baden-Württemberg noch häufiger als *Nägele* und *Schätzle*. Dabei ist noch nicht berücksichtigt, dass er einmal so und einmal so geschrieben wird: mit *ck* statt mit *k*, mit *v* statt mit *w*; oder ohne beides: *Noack*. Darüber hinaus existiert noch eine Legion von Varianten, die sich nur unterscheiden durch die ebenfalls unzähligen slawischen Endsilben: *Nowotny, Novakovic, Nowakowski, Nowicky* oder, in deutscher Schreibweise: *Nowitzki* etc. etc.
Und so bestätigt der Blick auch ins deutsche Telefonbuch, dass *Nowak* beziehungsweise *Novak* der häufigste westslawische Familienname ist. Er geht zurück auf das Eigenschaftswort *novy* (neu), meint den neu in die Gemeinschaft Hinzugekommenen und entspricht damit dem deutschen *Neumann*.
Seit hunderten von Jahren leben Deutsche und Slawen in enger Nachbarschaft, leben deutsche Minderheiten in den slawischen Nachbarländern und slawische Minderheiten wie die Sorben in deutschen Gebieten. Im vergangenen Jahrhundert sind durch die Industrialisierung

und den Bedarf an Arbeitskräften zahlreiche polnische Arbeiter vor allem ins Ruhrgebiet gekommen, wovon noch heute die Aufstellungslisten der dortigen Fußballmannschaften beredtes Zeugnis ablegen. Und schließlich hat der Zweite Weltkrieg eine Völkerwanderung in Bewegung gesetzt, die ihrerseits den Bestand an slawischen Familiennamen in Deutschland erhöht hat.

Die eingangs erwähnten *Hanke* und *Janke* sind verwandt mit *Hans* und *Johann*, nur ihre Endungen weisen sie als slawisch aus, so wie *Fritsche* eine sorbische Variante des *Fritz* und *Ni(e)t(z)sch(k)e* ein sorbischer *Nikolaus* sein können.

Wie die deutschen Familiennamen reflektieren auch die slawischen Aussehen, Verhalten oder Beruf ihrer ersten Träger. In *Bialas* oder *Bialek* steckt die Farbe »weiß«, in *Tschernik* oder *Tschornik* »schwarz«. *Maly* ist »klein« und *Nossek* deutet auf den Inhaber eines ausgeprägten Riechorgans.

Wessely ist eine Frohnatur, *Pokorny* dagegen untertänig und bescheiden. *Bigalke* ist einer, der herumläuft, *Doleschal* ein Faulenzer, *Czaja* ein Schleicher, und *Schwitalla* hängt zusammen mit »dämmern«. Auch die Tier- und Pflanzenwelt stand Pate, etwa *Jelinek*, der Hirsch, und *Jagoda*, die Beere.

Natürlich sind auch die Berufe vertreten, etwa *Kowal(ski)*, der Schmied, *Bednarz*, der Küfer, oder der zu Recht so beliebte *Kretschmar*. Das war der Wirt.

Von A wie Astor bis Z wie Zenetti

Es gibt wackere Schwaben, die hören auf Familiennamen wie *Batzill, Zenetti* oder *Charrier*. In diesen Namen spiegeln sich historische Prozesse wider.

Blicken wir dreieinhalb Jahrhunderte zurück: Nachdem zunächst die Pest und dann der Dreißigjährige Krieg die Bevölkerung des Landes im 17. Jahrhundert erheblich dezimiert hatten, waren Einwanderer gefragt. Sie kamen zu einem großen Teil aus Italien, etwa in Neuhausen auf den Fildern, wo heute noch Familiennamen wie *Batzill, Beron* und *Friton* an italienische Wiederaufbauhelfer erinnern. Der Name *Piron* taucht erstmals 1675 auf, *Frito* 1681, und 1702 ist ein Gabriel Maria *Bacilla* aus »Graventona im Land Italia« eingewandert.

Nicht sofort sesshaft wurden hingegen norditalienische Händler, die etwa ein Jahrhundert lang Alpenkräuter und Eisenwaren wie Scheren, Messer oder andere Feinschmiedearbeiten ins Land brachten, um mit Salz beladen wieder zurückzukehren. Auch sie füllten mit ihrem Angebot Lücken, die der Dreißigjährige Krieg gerissen hatte. In Italien nannte man diese Händler *cramars* – also Krämer. Auf sie gehen etwa die *Zenetti* – auf deutsch: »Hänschen« – zurück, die es vor allem in Bayerisch-Schwaben zu Ansehen gebracht haben.

Die konfessionellen Konflikte waren mit dem Dreißigjährigen Krieg noch lange nicht beendet. In den habsburgischen Gebieten Innerösterreichs etwa sollten Protestanten ihrem Glauben abschwören. Da sie das nicht tun wollten, mussten sie auswandern. Diese »Exulanten« waren in den entvölkerten Gebieten Süddeutschlands hochwillkommen. Sie brachten ihre österreichischen Familiennamen mit, etwa *Unterweger* oder *Mitterecker.*

Als 1685 in Frankreich das Edikt von Nantes außer Kraft gesetzt und damit die Religionsfreiheit aufgehoben wurde, verließen 30 000 Hugenottenfamilien das Land. Sie flohen nach Brandenburg, Hessen, in die Pfalz, nach Württemberg und trugen Namen wie *Fontane, Chamisso, Laroche, Linnier.*

Kurz danach, 1698, ist im Piemont die reformierte Glaubensgemeinschaft der Waldenser des Landes verwiesen worden. Deren Namen geht zurück auf den Lyoner Kaufmann Valdez, der im 12. Jahrhundert diese Bewegung gegründet hatte. Sie flohen zunächst in die Schweiz und wurden von dort auf weitere »Aufnahmeländer« verteilt – unter anderem nach Württemberg.

Dort vermischten sie sich jedoch nicht gleich mit den Einheimischen, sondern blieben unter sich, gründeten Dörfer wie Perouse, Pinache und Serres und sprachen weiterhin ihre Heimatsprache, das Patois. Ihre Familiennamen lauten nach wie vor *Charrier, Vincon, Baral, Baret, Gayde, Simonde*t oder *Rivoir.* Ein prominenter Waldenser-Name ist *Astor*, das vom italienischen *astore* (Habicht) kommt. Das Walldorf-Astoria-Hotel heißt so, weil sein Gründer Johann Jakob *Astor* aus Walldorf bei Heidelberg stammte. Auch seine Vorfahren waren aus dem Piemont eingewandert.

Lewin kann auch Liebwein sein

Marx, Meier, Mann, Lewin, Löw ODER *Lemberger* – ALLE DIESE NAMEN KÖNNEN EINEN JÜDISCHEN ODER EINEN DEUTSCHEN URSPRUNG HABEN – ODER BEIDES.

Die jüdischen Familiennamen sind ein besonderes Kapitel in der deutschen Namengeschichte. Das hat weniger mit Rasse als mit Klasse zu tun: Vom Mittelalter bis ins 19. Jahrhundert bildeten die Juden eine eigene Gruppe in der Bevölkerung, da sie ihren Unterhalt mit den bei den Christen verpönten Geldgeschäften zu verdienen hatten. Andere Berufe blieben ihnen in aller Regel verschlossen.

So bildeten sie eine eigene Kaste mit eigener Religion. In mittelalterlichen Urkunden ist diese Gruppenzugehörigkeit oft in Form des Beinamens *Jude* oder lateinisch *Judeus* vermerkt. So ist 1349 ein »Arnolt *Judemann*« verzeichnet oder ein Jahr später ein »Hermannus *Jude*«. Das zeigt im Übrigen, dass schon damals Juden sich deutsche Namen zulegten – sofern jener Arnold und jener Hermann nicht etwa deutsche Geldverleiher waren, die sich zum Judentum bekehrt hatten. Ob mit deutschem oder hebräischem Rufnamen: Lange Zeit führten die Juden keine Familiennamen, sondern hängten an ihren eigenen Vornamen den des Vaters an, etwa Moses *Mendelssohn*.

Spätestens im 19. Jahrhundert, als die Juden gleiche gesellschaftliche Rechte bekamen – und damit auch Pflichten –, benötigten sie bleibende Familiennamen. Deren Einführung verlief unterschiedlich: Manche Juden drängten sich danach, andere wurden gedrängt. Viele nannten sich nach ihren Herkunftsorten, etwa *Leipheimer, Erlanger,*

Dörzbacher, Wallersteiner, Lemberger, wobei natürlich auch Christen so heißen konnten. Oft handelte es sich dabei um die Namen von Orten, die in der Vergangenheit Schutzjuden beherbergt hatten.

In Frankfurt übernahmen die Juden gerne die Namen ihrer Häuser, an denen etwa ein rotes Schild, ein Stern oder ein Bär prangte. Daraus wurden die Namen *Rothschild, Stern, Bär* oder *Beer*, wobei natürlich auch andere Deutsche so heißen konnten – ebenso wie *Löw, Hirsch* oder *Wolf*. Doch für die Juden hatten diese drei Tiere noch eine besondere Bedeutung, weil Erzvater Jakob seine Söhne Juda, Naftali und Benjamin damit verglichen hatte. Ein anderer Sohn Jakobs war *Levi*, was »Anhänglichkeit« bedeutet. Daraus wurde *Levinger, Leib, Liebenthal* oder – durch Umstellung der Buchstaben – *Weil*. Wer es etwas deutscher wollte, verwandelte *Levi* in *Löw* beziehungsweise *Löb* oder – weil es der hebräischen Vokabel *leb* (Herz) ähnelte – in *Herz* oder *Herzel*. Die Form *Lewin* kann jedoch genauso gut auf den deutschen Rufnamen *Liebwein*, gebildet aus *Lieb* und *wini* (Freund), zurückgehen.

Ähnlichkeiten mit deutschen Namen waren wohl gewollt, wenn das Eigenschaftswort *mejr* (glänzend, erleuchtet) zu *Meier* wurde oder *Emanuel* zu *Mann* beziehungsweise *Mandel* oder *Mardochai* zu *Marx*, der im Deutschen ein verkürzter *Markus* war.

Das gelehrte »-us« am Schluss

MANCHER FAMILIENNAME HAT EINEN LATEINISCHEN DUKTUS, WEIL ER AUF -*us* ENDET. MAN DENKE AN *Magirus*. DABEI IST DER EIGENTLICH GRIECHISCH.

Prätorius – das klingt doch wesentlich exklusiver als *Schulze* und natürlich ungleich gelehrter. So dachten wohl auch jene Herren *Schulz, Scholz, Schultheiß, Richter* oder *Vogt*, die vom 15. Jahrhundert an ihre Familiennamen ins Lateinische übersetzten, in dem es die vergleichbare Amtsbezeichnung *praetor* gibt. Und damit auch der letzte Landbewohner merkte, dass er einen lateinischen Familiennamen vor sich hatte, hängten sie sicherheitshalber noch ein zusätzliches -*ius* ans Wortende. Ebenso verfuhren jene *Schneider, Schuster* und *Beck(er)*, denen die Vokabeln *sartor, sutor, pistor* nicht lateinisch genug waren und die sich daher *Sartorius, Sutorius* und *Pistorius* nannten.

Die Begeisterung für das klassische Altertum hatte im 14. Jahrhundert zunächst die italienischen Humanisten veranlasst, ihre Namen zu latinisieren. Ihre deutschen Gesinnungsgenossen folgten diesem Beispiel. Sofern sie in Italien studierten, mag das auch den praktischen Nutzen gehabt haben, dass damit die für Italiener oft unaussprechlichen deutschen Namen entfielen.

Zum Teil wurden die deutschen Namen ganz einfach übersetzt. Problemlos übertragbar waren Äußerlichkeiten wie Haarfarbe oder Gestalt oder viele Berufsbezeichnungen: Aus *Weiß* wurde ein *Albus*, aus *Schwarz* oder *Mohr* wurde ein *Maurus* und aus *Groß* ein *Magnus*. *Müller* nannte sich nun *Molitor, Fischer* schrieb sich *Piscator* und *Weber* gefiel sich als *Textor*. Dem *Koch* hingegen war der lateinische *coquus* zu fad. Er griff zum griechischen *mágeiros* und bereitete daraus einen *Magirus* zu.

Mit seinem Rückgriff auf den Sprachschatz der Hellenen war *Magirus* beileibe keine Ausnahme. Davon zeugen die Namen, die auf *-ander* enden, was »Mann« bedeutet. *Neander* ist der *Neumann*, *Xylander* der *Holzmann*, *Melander* der *Apfel-* oder *Eppelmann*. Ein Kuriosum ist in diesem Zusammenhang der berühmte Name *Osiander*. Das ist eine halbe Übersetzung des Namens *Hosemann*, der die Hose behalten hat, wenn auch ohne *H*.

Übersetzt wurden die Namen so, wie man sie verstand, wobei schon damals, vor gut einem halben Jahrtausend, der ursprüngliche Sinn oft nicht mehr klar war. So interpretierte Philipp *Schwarzert* seinen Namen als »schwarze Erde« und formte daraus den griechischen *Melanchthon*.

Die Latinisierungswelle nahm erstaunliche Ausmaße an. Der Namenforscher Konrad Kunze hat insgesamt 1838 Namen in ganz Deutschland gezählt, die auf *-ius* enden. Sie sind oft auf denkbar schlichte Weise zu Stande gekommen, indem nämlich jene lateinische Endung an den deutschen Namen gehängt wurde. Der *Dibl* avancierte zum *Dibelius*, *Schmitz* nannte sich *Schmitzius*, *Bock* wurde *Bockius*. Und *Kurzius* ist nichts anderes als ein Kleinwüchsiger mit einem gelehrten Hinterteil.

Schall
Rauch

Literatur

Bahlow, Hans: Deutsches Namenlexikon. Frankfurt/Main 1972.

Berger, Dieter: Geographische Namen in Deutschland. Herkunft und Bedeutung der Namen von Ländern, Städten, Bergen und Gewässern. Mannheim; Leipzig; Wien; Zürich 1993.

Brechenmacher, Josef Karlmann: Etymologisches Wörterbuch der Deutschen Familiennamen. Limburg a. d. Lahn, 1. Bd. 1957-69, 2. Bd. 1960-63.

Efinger, Eugen: Die Familie Batzill (Familiengeschichtliche Forschungen von Neuhausen a. d. Fildern, 1. Heft). Cannstatt 1930.

Gottschald, Max: Deutsche Namenkunde. Unsere Familiennamen nach ihrer Entstehung und Bedeutung. Berlin 1954.

Grees, Hermann: Ländliche Sozialstruktur, Wirtschaft und Siedlung seit dem ausgehenden Mittelalter. In: Der Stadt- und der Landkreis Ulm. Amtliche Kreisbeschreibung. Allgemeiner Teil. Ulm 1972.

Grohne, Ernst: Die Hausnamen und Hauszeichen, ihre Geschichte, Verbreitung und Einwirkung auf die Bildung der Familien- und Gassennamen. Göttingen 1912.

Heimerans Vornamenbuch. Erweitert und bearbeitet von Hellmut Rosenfeld. Passau 1968.

Jastrow, Otto: Die Familiennamen der türkischen Republik. Bildungsweise und Bedeutung. In: Rudolf Schützeichel, Alfred Wendehorst: Erlanger Familiennamen-Colloquium. Neustadt/Aisch 1985, S. 101-110.

Kluge, Friedrich: Etymologisches Wörterbuch der deutschen Sprache. (23. Auflage) Berlin 1995.

Koß, Gerhard: Namenforschung. Eine Einführung in die Onomastik. Tübingen 1990.

Kunze, Konrad: dtv-Atlas Namenkunde. Vor- und Familiennamen im deutschen Sprachgebiet. München 1999.

Linnartz, Kaspar: Unsere Familiennamen. Band I, Zehntausend Berufsnamen im Abc erklärt. (3. Auflage) Bonn, Hannover, Hamburg 1958.

Mitterauer, Michael: Ahnen und Heilige. Namengebung in der Europäischen Geschichte. München 1993.

Moser, Hans: Fasnacht, Faßnacht, Faschang. In: Schweizerisches Archiv für Volkskunde 68/69 (1972/73), S. 433-453.

Namenforschung. Ein internationales Handbuch zur Onomastik. Hg. von Ernst Eichler, Gerold Hilty, Heinrich Löffler, Hugo Steger, Ladislav Zgusta. Berlin, 1. Bd. 1995, 2. Bd. 1996.

Naumann, Horst: Das große Buch der Familiennamen. Alter, Herkunft, Bedeutung. Niedernhausen/Ts. 1999.

Petershagen, Wolf-Henning: Die Wahrheit über Deppenhausen. Kuriose Ortsnamen in Baden-Württemberg. Stuttgart 1999.

Rosenfeld, Hellmut: Fastnacht und Karneval. Name, Geschichte, Wirklichkeit. In: Archiv für Kulturgeschichte. 51. Band. Köln, Wien 1969.

Schmoldt, Hans: Kleines Lexikon der biblischen Eigennamen. Stuttgart 1990.

Schütz, Joseph: Russische Familiennamen. In: Rudolf Schützeichel, Alfred Wendehorst: Erlanger Familiennamen-Colloquium. Neustadt/Aisch 1985, S. 41-48.

Seibicke, Wilfried: Die Personennamen im Deutschen. Belin/New York 1982.

Tibón, Gutierre: Diccionario etimológico de los apellidos españoles, hispanoamericanos y filipinos. México 1992.

Wenzel, Walter: Lausitzer Familiennamen slawischen Ursprungs. Bautzen 1999.

Index der in diesem Band erklärten Namen